ベテスダの光

イエスに癒やされた病人の物語

栗栖ひろみ

一粒社

病人に向けられた神の子の眼差しは、やがて大きな軌跡となった。

目次

まえがき——イエスの全人療法

『夜と霧』という不朽の名著を読まれた方、ご存知の方は多いと思います。著者の精神医学者ヴィクトール・フランクル博士は、第二次世界大戦中、ユダヤ人であるためにナチスによってアウシュヴィッツ収容所に送られ、自らも両親、妻、子を失い、その中で、絶望と闘う囚人たちに寄り添い、ロゴセラピー（聖書を土台とした精神療法）を創設しました。

彼の業績は、世界を瞠目《どうもく》させるものでありました。以後、この思想を受け継いだロバート・C・レスリーは、『イエスとロゴセラピー』という注目すべき著書を世に送りました。いずれも『新約聖書』に記されているイエスの癒やしは、肉体と精神と魂にまで及ぶ全人的な療法であることを証明したものでした。

かつて私は、夜間大学で心理学を学んだことがありますが、このロゴセラピーを卒業論文に選びました。すると担当教授は、「心理学や精神医学は科学の分野だから、宗教の領域に入るロゴセラピーを扱うのは適切ではない」との助言をくださいました。確かにこれは一理あります。あくまでも精神療法は人間が科学的知識の中で考察したものであり、聖書に記された癒やしは魂・信仰の領域に入るからであります。

しかしながら四福音書（マタイ・マルコ・ルカ・ヨハネの各福音書）が記述しているイエスの癒やしを見る時、それが単なる肉体的・精神的な癒やしのみならず、一人の人間の絶望的な人生を希望に溢れる新しいものに変える力をもつことを私たちは知るのです。今から約二千年前のイエスの時代には、実に多くの病気が人々を苦しめていました。ハンセン病、熱病、肺炎、喘息、胃腸障害、中風、リュウマチ、また統合失調症、うつ病などの精神疾患から、女性に見られる長血（生理の異常）や泌尿器疾患などさまざまです。

さらに過去のトラウマを引きずる者、かつて犯した罪に怯える者、社会から脱落した者、虚無主義に悩む者、性格破端者、人生をもて余す者なども数多くいました。イエスは彼らを深く憐れみ、手を差し伸べてその病気をすべて癒やし、全く新しい人生を歩ませたと聖書に記されています。

いかなる名医といえども、一人の人間の肉体的、精神的疾患は治療することができても、魂の領域まで立ち入り、人格を変えることは不可能です。なぜイエスにはこれができるのかと言えば、彼の神性の中で初めて信仰という魂の領域と、科学の領域である精神療法とが一つに結びつけられ、奇跡が生まれたからです。フランクルやレスリーがいみじくも述べたように、「イエスのみが、人間に対し完全な全人療法を施すことができる」のです。

そして今も人間社会は、実に巨大なベテスダの池そのものでありますが、イエスはその池の縁に立って私たちが抱えるさまざまな病を癒やそうと手を差し伸べておられるのです。これはイエスによって病を癒やされた、病人たちの証《あか》しの物語であります。

（尚、本書では『新改訳聖書２０１７』を使用していることをお断りします）

二〇二二年十月

著　者

1話　死の池からの生還——ベテスダの病人

イエスは彼に言われた。「起きて床を取り上げ、歩きなさい。」すると、すぐにその人は治って、床を取り上げて歩き出した。（ヨハネ5・8〜9）

「今日もだめだった」

池の縁に敷いた自分の寝床に戻って行きながら、彼はつぶやいた。「一体いつになったら、この死の池から引き上げられるのだろう」と。毎日こんなことをしているうちに、何だか病気が一層ひどくなってきたように思われた。彼は、目の前に広がる池の水をかすんだ目で眺めつつ、身を横たえた。この池は巨大な戦場であった。そして、自分はここで行われている生存競争に負けたのだ。

彼は、体の右半分が痺《しび》れてしまっており、三十八年もの間、ほとんど寝た切りの生活をしていた。十歳の時、この病気にかかり、それ以来ずっと家族の手をわずらわせていたのである。家族は献身的に世話をしてくれた。彼が食べたいものを言うとすぐに市場に出かけて買ってきてくれたし、外の空気が吸いたいと言えば、背負って家の周囲を歩いてくれた。

三つ年上の姉は、結婚もあきらめて彼を介護してくれ、愚痴ひとつ言わずに体を洗ったり、マッサージをしたり、また食べ物を口に運んでくれたりするのだった。しかし、こんな風に世話をされればされるほど、彼は肩身が狭くなった。そして、どこか家族に知られないような遠くに行ってしまうか、あるいはひっそりと死んでしまいたい、とさえ考えるのであった。

そんなある日のこと、昔の友人が彼を訪ねてきた。そして、彼の悲惨な状態を見ると、こんな話をするのだった。

「ねえ、きみ。知り合いがさ、ベテスダの池に行って耳よりの話を聞いてきたんだ。それは、池の縁でじっと待っていると、夜が明けると同時に天使が降りてきて、水面を打つのだそうだ。その時、一番早く池に飛び込んだ者が、病気を治してもらえるっていうことだよ」

これは朗報だった。病人は目を輝かした。

「行ってみるかい。もしその気があるなら、寝床ごと池の縁まで運んであげるよ」と言うと、友人は親切にも協力してくれる仲間を呼んできて、男を池の縁まで運んでくれたのだった。

この時から、男の戦いが始まった。彼は、その時刻が来るのをじっと寝床の中で待っていた。やがて夜が明け、空が白みはじめると、池の周りにたむろしていた病人たちは、一斉に顔を上げる。そのうち、池の底でゴボゴボと音がして、少しずつ水が動き、やがてゆっくりとそれが盛り上がった。

「来たぞ！」一人が叫ぶと、一斉に池めがけて飛び込んだ。この男も、必死で縁まで這って行き、水に飛び込んだが、遅かった。彼よりも早く飛び込んだ多くの者が、ずぶ濡れのまま上がってきた。

「最初に飛び込んだのは誰だ」

「足がしびれて動けないと言っていたカシムだよ。あっ、彼がやって来た」

そこへ、髭づらの男がスキップをしながらやって来た。

「みんな聞いてくれ。おれは一番先にこの池に飛び込んだ。つまり、夜中からここに陣取って、すぐに飛び込めるように縁で待機していたのさ。そうしてまっ先に飛び込んで、これこの通り」彼は片足でピョンピョン飛んだり、両手を広げてぐるぐる回ったりして見せた。

「すっかり治っちまったよ。やれ嬉しや、嬉しや」

「よし。今晩からここに陣取って動かなきゃいいんだな」と一人が言った。

「おれもそうしよう」と、別の仲間も言った。

彼はつぶやいた。(自分だって、負けてたまるか。明日の朝早く、水が動くとすぐに飛び込むんだ。しくじるものか)

そして翌朝。水が動いた瞬間、飛び込もうとすると、後ろから押されてもろに転んだ。

「じゃまだ！　どけ、どけ！」

後ろの男が、彼を突き飛ばして池に飛び込んだ。それに続いて、次々と池に入る。男は、この日も遅れをとってしまった。

「ゆうべから並んでいたのになあ」と、横の男が、悔しそうにつぶやいた。

「まったく、うまくいかないものだな」

今日もだめだった。自分がこの池で癒やされることはもうあるまい。まさに、このベテスダの池は弱肉強食の社会の縮図そのものだった。

そんなある日のこと。人々から来たるべき「救世主」ではないか、とうわさされているイエスが弟子たちや、彼のあとに付き従ってきた大勢の人々と一緒にこの池の側を通りかかった。池のほとりには盲人や足なえ、またさまざまな症状をもつ病人が住みつき、ある者は空《うつ》ろな目を遠くに向け、また別の者は膝を抱え、苦しそうな呻《うめ》き声を立てている者もいた。

「この池のほとりには、何でも三十八年間も起き上がることのできない病人が、住みついているということですよ」

弟子の一人がそっと告げた。すると、イエスは池のほとりに降りて行き、寝床の中でぽっかりと虚ろな目を見開いていた病人の傍らに立った。絶望に打ちひしがれている男は、ふと目を上げてその人を見上げた。それは、見たことのない人だった。外見は普通のユダヤ人だったが、その眼差しが自分に注がれているのを知った瞬間、男は暗く閉ざされていた心に光が差し込むのを感じた。

イエスは、男の前にしゃがみ込むと、低い声で言った。「あなたは、なおりたいのですか」

何という奇妙な問いかけだろう。なおりたいに決まっているではないか――と、これを聞いた誰もが思った。病気から自由になりたいからこそ、ここにいる病人たちは夜明け前から水が動くのを待っているのだ。

しかし、このイエスの言葉を聞いた瞬間、男の顔に動揺が見られた。池にうねる灰色の水よりも、もっとその心がざわつくのを彼は感じた。自分の心の奥底を、覗かれたような気がしたのである。この言葉は、彼自身も気づいていなかった心のしこりを照らし、浮かび上がらせた。それは、なおりたいのではなく、「なおりたくない」という思いだったのである。

彼は、この病気にかかって以来、何をするにも（食事をするにも、着替えをするにも、用を足すにも）家族の手を借りてきた。そうするのが当たり前であり、そのために家族がいると思っていたのだ。彼には持論があった。病気によって人生を狂わせられたのだから、人の情けで生活するのは当たり前だ、という考えだった。

しかし、そうしながらも自分自身に対して嫌悪感を拭い切れず、こんなことをしていていいのだろうか、という思いがしばしば心の中に湧いてくるのだった。そのような時には思わず家族に対して突っかかったり、文句を言ったりしてしまうのだった。

「おれはとにかく、この家の厄介者だからさ。いっそのこと、死んじまったほうがいいんだよな」

つい、こんな言葉を吐き散らすことがあった。すると、老いた両親はワナワナと震えて「どうかもう二度と、そういう言葉を口にしないでおくれ」と哀願した。また容色も衰え、すっかり老け込んでしまった姉は「何を言っているの。わたしたちは家族じゃないの」と彼を叱りつけるのだった。そうして、こっそりと彼女は泣いていた。

このような毎日の繰り返しの中で、彼はいつのまにか惨めな自分の生活をすべて病気のせいにし、逆に病気にすがりつくようにして自分の尊厳を守ってきた。また、それを周囲の者に見せつけることによって、辛うじて生きる意味を得ようとしてきたのである。

「あなたは、なおりたいですか」

この言葉は、彼を激しく突き動かした。彼はこのイエスの言葉の中に——あなたは自分の病気をどう考えているのか、あなたの病気は、あなたの生活態度とどのような関係もっているのか——という問いかけを感じた。

この時、彼は悟ったのである。人生なんてもともと苦しみの連続だ。苦労のない人なんていないだろう。しかし、それを違ったやり方で受け止めてみたらどうだろう。その時ある考えが心の中に閃いた。(そうだ！　病めるこの体を引きずりながらでも、自分の身の回りのできることをやり、ちょっとした手仕事を覚えて生活の糧にする、なんてことをやったらどうだろうか)

自分にとっては冒険かもしれないが、もしかしたらその中に本当に豊かな人生があるかもしれない。きっとそれは、思ってもみない新しい幸せを生み出すだろう。ああ、やってみたい。いや、自分にはそれができる！　きっとできる！

その時、イエスはこの病人に向かって決定的な言葉を発したのである。

「起きてあなたの床をたたんでしまいなさい。そして、歩いて家に帰りなさい」

その瞬間、彼は立ち上がった。何も支えがないのに、自分で立ち上がったのである。そして自分の寝床にしていたゴザを巻き上げると、それを小脇に抱え、人々をかき分けて池の縁から外へと歩み去った。

彼は道々つぶやいた。(ああ、空はこんなに青かったんだ。そうして、以前は煩わしいと思っていた人々の喧騒が、こんなに嬉しいものだとは思ってもみなかった。わたしは、これから自分の新しい人生を生きるんだ！）

＊　＊　＊　＊　＊　＊

家族のもとに帰った男は、ある陶器職人のもとに弟子入りし、陶器を作る技術を学んだ。もともと手先が器用な彼は、一年もたたないうちに土をこね、ろくろ（円形の陶磁器を成形するときに用いる回転台）を回して壺や茶碗などを作り、焼き上げることができるようになった。

そして、家族に助けられながら住居の後ろに新しいテントを出し、そこで自分の作品を売った。彼が作ったものは、形は少々ごつごつして不細工であった。だが、デザインが面白い上に丈夫で、しかも素晴らしく美しい色づけがされていたので人々は、先を争って買い求めた。

そのうちに生活も潤い、彼は家族のために毛布や着物、食物などを買ってあげることができるようになった。かつては、家族の手を借りなければ生活できなかった彼が、今度は家族を経済的に養うことができるようになったのである。

そんなある日、彼は特別念入りに仕上げたランプを感謝のしるしとして家族にプレゼントした。ランプの横には次のような文字が刻み込まれていた。

「イエスは、わたしの、救い主」

2話　悪夢からの解放――ゲラサの狂人

人々は、起こったことを見ようと出て来た。そしてイエスのところに来て、イエスの足もとに、悪霊の去った男が服を着て、正気に返って座っているのを見た。それで恐ろしくなった。（ルカ8・35）

ところで、統合失調症（以前は精神分裂病と呼ばれていた）の症状として、しばしば幻聴や幻覚が現れることは多くの精神医学者が実証している。ここに登場する男も、そうした不幸な症状をもつ病人であった。

ガリラヤ湖の向こう岸、ゲラサの地には墓場が点在しており、その海側に近い一角に、一人の男が住みついていた。彼は昼となく、夜となく大声で喚き、暴れ回るので、家族は彼を岩のくぼみに鎖でつないでおいたのだ。しかし、彼は鎖を引きちぎり、出てきてしまった。そして、尖った石で自分の体を引っきりなしに傷つけ、胸も裂けるような調子で叫び続けるのだった。人々は気味悪がって、誰もこの岩場に近づく者はいなかった。

ある日のこと。イエスは弟子たちと一緒にこの地に舟で渡った。男は近づいて来る一行を見、その血走った目をイエスに向けた瞬間、パニックを起こした。男の中に潜んでいた悪霊が、その働きを開始したのである。悪霊は最も潔《きよ》いものと対峙した時に、凶暴になると言われる。この不幸な男の中には別の人格があり、それがイエスの神性に反応したのである。彼は、イエスを見た途端に、声高く叫んだ。

「いと高き神の子イエスよ。あなたは、このわたしと何の関係があるんです。どうかこの場を離れてください。これ以上わたしを苦しめないでください」

その時、イエスはこの男に尋ねた。「あなたは、何という名前ですか」すると、彼は恐怖に満ちた目を見開き、しゃがれた声で答えた。

「レギオンでさあ。わしの中にはやつらが大勢いますから」

レギオンとは、当時のユダヤを支配していたローマ帝国の「千人部隊」の名だった。この名を口にした瞬間、彼の意識の奥底に眠っていたある記憶がよみがえった。それは、きらびやかな緋色のマントを翻えし、剣をガチャガチャいわせて近づいてくるローマ軍兵士の姿だった。

彼の脳裏に十四、五歳の頃のことが思い出されてきた。彼は同じく悪童である二人の友人と町に繰り出し、いろいろと面白い遊びをしては夜ふけまで過ごしたものだった。当時、一番気に入った遊びは、ローマの軍隊が町の辻を駆け抜ける時、もの陰に隠れて馬の足の間から向こうに石を投げることだった。

馬の足に当たったら最後だから、この遊びは大変にスリルのある一発勝負だった。それがある日、運が悪いことに、友人の投げた石が馬の前足に当たり、馬はよろめき、片足をついた。その拍子に、乗っていた兵士がもろに落馬してしまった。

「逃げろ！」彼は友人たちに声をかけ、物陰に逃げ込んだが、石を馬にぶつけた友人は、駆け寄った兵士たちに取り抑えられてしまった。兵士たちは、恐ろしさに震えながら謝罪する少年の襟髪《えりがみ》をつかんで壁の前に引きずって行き、殴る蹴るの暴行を加え始めた。

彼は友人を助けたくても足がすくんで動けず、両手で頭を抱え、ひたすら災いが過ぎ去るようにと念じていた。兵士らは握りこぶしを少年の腹に突き入れ、顔を殴り、倒れたその体に蹴りを入れ、胸ぐらをつかんで引き起こし、また殴りつけるのだった。気が遠くなるほど長い時間が経ち、友人の叫び声は呻き声に変わっていった。そして、口からダラダラと血を吐きながら、ついに絶命した。

ローマ軍兵士たちは舌打ちし、ありったけの悪口を吐きながら、足を傷つけられた馬を乗り捨てて行ってしまった。一同が駆け寄ると、友人はもはや血まみれのボロ布のようになって横たわっていた。皆でその友人の遺体を家まで運び、飛び出してきた彼の家族に訳を話すと、髪が半分白くなっている母は伏しまろんで号泣した。

「ローマのお役人さんに逆らっちゃだめだよ。ひどい目にあうからね」これを見ていた人々は、子どもたちにこう言い聞かせるのだった。

その日以来、奇妙な症状が彼に表れた。外の世界と自分とが目に見えない透明の衝立《ついたて》で遮《さえぎ》られたようになって、見るもの聴くもの触れるものが、夢の中の景色のようにおぼろげに感じられるのだ。

そして、彼の心の中には、絶えずガチャガチャという音が聴こえ、ついに、それは別の人格となって心の中に住みついてしまった。そのために、彼は引っきりなしに叫び声を上げるようになった。

家族は人目をはばかって、彼を墓地につれて行き、岩角に鎖でくくりつけた。しかし、彼の中に住みついた別の人格は、恐ろしい力でそれを引きちぎり、尖った石で彼の体を傷つけるようになったのである。

イエスは、この男が辿った不幸な人生を推察し、現在彼が別の人格に支配されていることを理解すると、その者に向かって大声で叫んだ。「悪霊よ、この人から出て行きなさい！」

すると、彼は再びパニックを引き起こした。その口から、気味の悪いしゃがれ声が洩れ、哀れっぽい調子でこう哀願した。「だめです。だめです。追い出さないでください」

しかし、イエスはそれを許さなかった。彼は死にもの狂いになって、ふと目を近くの崖の上に捉えた。そこには二千頭あまりの豚が放し飼いにされ、広い野原で草を食《は》んでいた。

「それなら、どうかイエス様」と哀れっぽい声で彼は叫んだ。「わたしたちを、あの豚の中に送ってください」

「よろしい」と、イエスは言った。「では悪霊たちよ、この人から出てあの豚の中に入るがいい」

その時、驚くべきことが起きた。二千頭あまりの豚は、どうやら気が狂ってしまったらしく「キイ、キイ」と奇妙な声で鳴きたてながら、駆け回り始めた。そしてついに一頭が険しい崖を駆け下ると、次々と雪崩《なだれ》を打つように後に続き、ついには海に飛びこみ、全部が溺れ死んでしまったのだった。

男は、自分がそうなっていたであろうことを思いつつ、自分の中から別の人格が豚と共に崖から駆け下り、海の中に入って溺れ死んでしまったことを見ていた。そして、それと共に、剣をガチャガチャさせていたローマの千人部隊の悪夢も、永久に自分の心から消え去ったことを知った。

「来てくれ！　豚が！　豚が全部海で溺れ死んじまったよ!!」豚を飼っていた男は恐慌をきたし、大声で叫びながら仲間を呼びに行った。

正気に戻った男は身づくろいを整えると、自分を救ってくれた人の前にひれ伏した。

「さあ、家族の所にお帰りなさい」と、イエスは、やさしく言葉をかけた。

「そして、安心して暮らすように。もう悪霊はあなたと何の関係もないでしょう。だからあなたは二度と幻覚や幻聴に襲われることはありませんよ」イエスはそう言うと、後ろで口もきけずに立ちすくんでいる弟子たちを促し、先へ進んで行った。

この奇跡を見ていた人々は、呪縛を解かれたように、ガヤガヤと騒ぎ始めた。そのうちの二、三人が男の家族のもとに走り寄り、一部始終を語りつつ、彼らの手を引っ張ってつれてきた。老いた両親と兄弟たちが見たものは、服を着てきちんと座っている男であった。

「おまえ、どうなの。もう大丈夫なのかい」と哀れな母親は、おろおろと尋ねた。男はまっ白になってしまった髪を後ろで一つに束ねると、痩せこけた頬に微笑を浮かべて、自分の家族をしっかりと抱きしめた。

「イエス様が、悪霊からわたしを解放してくださったんだよ」と彼がこう言うと、老いて背中が曲がってしまった父親は、正気に戻った息子の腕に顔を埋め、すすり泣きを噛みしめた。そして、この幸せな家族は互いの体を支え合うようにして家路を辿ったのだった。

＊　＊　＊　＊　＊　＊

社会に復帰した男は、自らの意志で崖下の墓地の管理人になった。その仕事は墓の掃除と死体を盗む者がいないかどうか、見回ることであった。そして彼は、毎日墓に野の花を供え、死者の冥福を祈るのだった。

「病気も治ったことだし、あんたならもっとましな仕事に就けるのにどうしてだね」と、近所の人の中で、こう言う者がいたが、男は微笑して言うのだった。

「わたしは自分が救われたこの墓地を、新しい人生の出発点としたいんです」

そして、毎日つつましく、誠実に仕事に励んだので、やがてその町の人々から「墓の守り人」と呼ばれ尊敬されるようになった。その後、彼は気立てがよく優しい心をもった女性を嫁にもらったが、夫婦はよく夕暮れ時、崖の上から海のかなたに沈む夕日を一緒に眺めるのだった。そのような時、必らず男は言うのだった。

「この崖の上にあの方は立っていらっしゃったんだ。そうしてわたしを救ってくださった。あの方がいる場所はどんな所も――この真っ暗な墓の中だって天国になるのだ。それは、あの方が神の子でいらっしゃるからなんだよ」

3話　闇から光へ――シロアムの盲人

「先生。この人が盲目で生まれたのは、だれが罪を犯したからですか。この人ですか。両親ですか。」イエスは答えられた。「この人が罪を犯したのでもなく、両親でもありません。この人に神のわざが現れるためです。…」（ヨハネ9・2〜3）

彼は生まれつきの盲人だった。どうして目が見えなくなったのか誰も教えてくれなかった。だが、家族の一人がたびたびこうつぶやくのを聞いてから、自分の眼病が遺伝によるもので、決して治ることがないことを知ったのだった。

「なにしろあいつは、一生家族の手を借りて生活せにゃなるまいて。わたしらは何と不運なんだろうね」

それで彼は成人すると、手に職をつけることができなかったので家族に負担をかけまいと家を出た。そして道端に座って、道行く人からお金を恵んでもらって生活していた。

そんなある時、その日も彼は小さな賽銭箱《さいせんばこ》を前に置き、道の端にうずくまっていると、ガヤガヤと話し声が聞こえ、大勢の人がこちらにやって来るのが分かった。そして一行はピタリと彼の前で足を止めた。やがて一人の男が、こう尋ねるのが聞こえた。

「イエス様。この人が生まれつき盲人なのは、だれが罪を犯したためですか。本人ですか。それとも両親ですか」

彼は悲しかった。自分はこれという罪を犯した覚えがないし、両親だって――そう、彼らだって堅物だからそんなことをするわけがないじゃないか。その時、彼の耳に爽やかな声が響いた。

「本人が罪を犯したためでもなく、その両親が罪を犯したためでもない。ただ神のみわざが彼の上に現れるためです」

どうやらこの人を囲んで、何やかやと言いがかりをつけているのは偉い律法《りっぽう》学者たちのようだ――と見当がついた。それからまた、爽やかな声が聞こえた。

「わたしたちは、神のみわざを昼の間にしなくてはならないのです。夜が来れば、誰も働けなくなります。だから、わたしは世にいる間は世の光です」

ああ、この人は一体誰なのだろう。ひと目その顔を見たいものだ――と彼は思った。

その時、皆からイエスと呼ばれる人は片手を彼の肩にかけ、群衆の中から少し離れた場所に連れ出した。その手の温かさが、肌を通して体に染み込むようだった。――と、イエスは地面に唾を吐くと、それで泥をこねて彼の目に塗った。

「さあ、シロアムの池に行って洗ってごらんなさい」

盲人は、わけが分からないまま、人に手を引いてもらってシロアムの池に行った。そして屈《かが》んで目を洗った。すると、どうだろう。周囲の情景がわずかずつ、その輪郭を現わしてきた。まず、青い水が目に映り、それがかすかに揺れているさまが分かった。やがて池の縁が見え、遠くに続く岩山が見え、そこにひしめく人の群も分かるようになった。彼は大声をあげた。その瞬間、目が開《あ》き、まばゆいほどの光が射し込んできた。

「目が！　おお、目が見える！」

彼は踊り上がって叫んだ。そして、両手を振り回し、頭の上でそれを打ち合わせ、スキップした。

「おまえさん、今し方まで物乞いしていた人じゃないかね。本当に見えるようになったのかい」

「はい、本当です。この両眼で青い空も、池の水も、それから人々が笑ったり互いに話をしたりする様も、すべて見えるようになりました」

人々はガヤガヤ騒ぎ出した。それから、何か話し合っていたが、彼を律法学者やパリサイ派の人たちの所に連れて行った。

「おまえは盲人だったのが、急に見えるようになったそうではないか」と、一人のパリサイ人が厳しい目で彼を見て、それがなぜであるか問い正した。そこで男は言った。

「ナザレのイエスという方が泥を塗ってくださって、それでわたしは見えるようになりました」

すると、彼らはひそひそと耳打ちし合った。（こんなことはあり得ないことですな。この者の狂言ではないでしょうか）

（いや、彼がどう言おうと、実際に目があいていることは確かです。問題は、彼にそのような医術を行うことができた者がいたとしても、その者は安息日の戒律を破ったのだから、預言者でもなければ、神からつかわされた者でもない）

彼らは、なおも話し合いを続けた。そしてその結果、この男が本当に生まれながらの盲人であるかどうか、両親に証明させる必要があることで意見が一致した。そして、両親が呼ばれた。

「はい、これはわたしどもの息子に間違いありません」両親は迷惑そうな顔をし、おどおどと答えた。

「そうして、生まれながらにして目が見えないことも存じております。しかし、どうして今は見えるようになったのかは分かりません。あれに聞いてください。あれはもう大人だから、自分のことは自分で話せるでしょう」

そして、彼らはそそくさと帰って行った。パリサイ派の人々や法律学者たちは、盲人であある若者をもう一度呼び出して言った。

「いいか、よく聞くがいい。おまえの目をあけてくれた者は罪人《つみびと》だ。安息日の戒律を破ったのだからな」

すると、彼は答えた。「あの方が罪人かどうか、わたしには分かりません。でも一つのことだけは知っています。わたしはかつて盲人であったが、今は見えるということです」

そこで彼らはまたしても、その人がどうやって目をあけたのかを根ほり葉ほり聞き出そうとした。すると、若者は怒ったようにきっぱりと言った。

「そのことはもう話したのに、聞いてもらえませんでした。なぜまた聞こうとするのですか。あなたがたも、あの方の弟子になりたいのですか」

すると、彼らは若者をののしりながら言った。

「おまえは、あの男の弟子かもしれないが、われわれはモーセの弟子だ。モーセに、神が語られているということを知っている。だが、おまえが言うイエスとかいう男がどこから来たのか、われわれは知らない」

そこで若者は言った。「このとおり、わたしの目をあけてくださった方がどこから来たのかご存知ないとは、とても不思議です。生まれつきの盲人の目をあけてくださる方がいるなんて――これは世界始まって以来の奇跡です。あの方が、神様のところから来た方でなかったら、何一つできないはずです」

これを聞いた者たちは怒り狂い、若者を怒鳴りつけた。「おまえは罪の中に生まれていながら、わたしたちを教えようというのか！」と、そして寄ってたかってこの若者を会堂の外に突き出し、後ろで扉を閉ざした。

イエスは、見えるようにしてやった若者が会堂から追い出されたことを聞き、この若者に会って言った。

「あなたは人の子を信じますか？」

「それはどなたでしょう。その方を信じたいと思いますが」と彼は答えた。

「あなたはもうその人と会っています。今あなたと話しているのが、その人です」とイエスは言った。

その瞬間、見えるようになった若者の目から涙が溢れ出し、目の前に立っている人の背後から虹がキラキラと描き出されるのを感じた。彼は、手の甲で涙を拭きながら答えた。

「主よ、わたしは信じます」そして、両手を合わせて拝した。イエスは、さらに言った。

「わたしがこの世に来たのは見えない人たちが見えるようになり、見える人たちが見えないようになるためです」

そして、両手で優しく若者の肩をなでると、祝福をして立ち去らせた。

＊　＊　＊　＊　＊　＊

彼が家に戻ると、両親や兄弟、そして集まってきていた親戚の者たちが大喜びで出迎え、彼を抱きしめた。

「これでひと安心だな」父親は、彼の肩を叩いて言った。

「わたしたちはもうおまえを隠しておく必要がなく、堂々とわれわれはここで一緒に暮らせるぞ」

しかし、若者の胸にはある決意があった。それは、自分の目をあけてくれた方は、肉体ばかりでなく、心の眼まで開いてくれたこと。そしてその方こそ神の子であり、すべての者の救い主であることを人々に伝えるために全国を歩こうと。

それから間もなく、この若者は杖一本をもち、喜び勇んで旅に出た。そして、会う人ごとに主イエスの救いについて話して聞かせ、町々、村々を経巡り、ついには異邦人（ユダヤ人以外の民族）が住む遠い地にまで、福音を伝えるために赴いたのであった。

4話　あなたの罪は赦された――中風の若者

すると見よ。人々が中風の人を床に寝かせたまま、みもとに運んで来た。イエスは彼らの信仰を見て、中風の人に「子よ、しっかりしなさい。あなたの罪は赦された」と言われた。（マタイ9・2）

「こんなこと、してくれなくてもいいんだよ」と、その若者は、吐き捨てるように家族に言った。「自分はみんなの厄介者で、迷惑ばかりかけているからな」

「そんなこと言わないでおくれ」と母親は、涙をぬぐって言った。「おまえは、あたしたちの宝。この家の大事な息子なんだよ」

彼は、心がすさんでいた。自分でも、どうしていいか分からなかった。中風の痛みも辛いが、それ以上に何か心の中に大きな深い穴があって、底知れぬ不安に引き込まれそうになる。これが、彼を苛立たせるのだった。

彼には仲の良い友人が、三人いた。みんな気のいい者たちだった。彼がこのような病気になってもは離れていくのでなしに、時々訪ねてきては彼の世話をし、食事の介助から用を足す手伝いまでしてくれるのだった。そんな友人の好意も、彼を苛立たせた。

「もっと健康で、ピンピンしているやつらと付き合えばいいじゃないか。こんな半病人の男なんか、放っておきゃいいんだ」

彼はこの親切な友人にも、悪口を投げつけた。しかし、彼らはそういうことを少しも気にかけずに、彼のために尽くしてくれるのだった。そんなある日のこと。友人の一人が来て言った。

「いい話があるんだよ。何でも会堂司《つかさ》ヤイロさんの家に、ナザレのイエスという方が来られているそうだ。その方は、あらゆる病気を癒やす力をもっていて、実際に眼病を治してもらったり、麻痺した手や足を元どおりにしてもらった人がたくさんいるそうだ。もしかして、きみの病気も治してもらえるかもしれない。よかったら、行ってみないか。連れてってあげるよ」

（そうか…治してもらえたらいいな）彼は、少しだけ心が傾きかけるのを感じた。だが、すぐに、首を振った。

「いや、そんなに偉い先生でも、こんな病気はどうすることもできまい。いいんだ、このままで…」

「でも、たとえその人に治す力がなかったとしても、だめで元々《もともと》だ。行ってみようじゃないか」

「いいんだ、ほっといてくれよ！」若者は、ついに苛立った声を上げた。

「自分のために、こんなことしてくれなくたっていいんだ」

「おまえ、またそんなことを」母親は涙をこぼした。

「言うとおりにしろ！　こうやってみんながおまえのために最善を尽くしているのが分からんのか！」父親は、ついに大声で怒鳴りつけた。

「病気で気が立っているものだから、ごめんなさいね。どうかお願いします」母親は、おろおろと友人に詫びた。

「大丈夫ですよ。みんなを連れてきますからね」親切な友人はこう言って、いったんその家を後にした。


それから間もなく、その友人は二人の仲間と共に戻ってきた。そして三人がかりで病人を寝床ごと外に運び出したのである。

「いいから放っておいてくれよ。こんな惨めな姿、人に見られちゃまずいぜ」彼は相変わらず文句を言った。

「安心しろよ。そのお方《かた》はな、治せない病気はないそうだ。なにしろ、眼病や体の麻痺、そういったものだけじゃなく、悪霊につかれた人も治しなさったそうだよ」

もう一人の仲間も言った。「だから、きっと君も治るさ」

（治らなくてもいいんだ。……治らなくっても……）彼は心の中でつぶやいた。

やがて会堂司の家に着くと、周囲は群衆で埋め尽くされており、中を覗くと、広間には人が溢れていた。そして、中からイエスの声が聞こえてきた。人々に何か語っているようだ。

「どうしようか。……おお、そうだ」と言うと、友人の一人が名案を思いついた。そして、二人の仲間の耳に何事かささやくと、何と彼らは病人を寝床ごと担いで屋根に登り、イエスがおられるあたりの屋根をはがし、穴を開け始めたのである。

それから、寝床の四隅にロープを結びつけ、そこから中に吊り下ろした。何と大胆なことを彼らはやってのけたことか。しかし、それほど友人たちはこの不治の病気にかかった若者を、愛していたのである。

突然屋根が壊され、上から病人が吊り降ろされてきたので、中にいた人々はガヤガヤと騒ぎ始めた。中風の若者を乗せた寝床は、狙《ねら》いたがわず、イエスの正面に降ろされた。若者は恥ずかしさをこらえて、目の前の人を見上げた。イエスは外観はごく普通のユダヤ人だった。黒味がかった濃い褐色の髪と髭、そして手足はがっしりとしていた。しかし、若者はすぐに彼が普通の人と違っていることに気づいた。まず、その目。人の心の奥まで見通すような鋭さと深味を湛えていたが、同時に限りないいたわりと、優しさがこめられていた。

そして突然、彼は、温かな空気のようなもので全身を包まれるのを感じた。中風の若者は、痛みをこらえて、必死で全身を起こすと、この人と対峙した。

「あのう……。長いこと患っておりまして…」何か言わなくてはならないと思い、彼はおずおずと言った。その時、心の中にしこりのように固まっていた頑なな思いが、いつのまにか溶け去り、子どものように素直な態度になった。

「もう、どうせ何をやっても治らないだろうと思っていたんです」

イエスは屈むと、両手を若者の肩にかけた。そして、ある言葉をささやいたが、それは思いがけない言葉だった。「子よ、あなたの罪は赦されました」

彼は驚きのあまり両眼を見開いた。罪だって。罪、罪、罪、――ああ、そうだった。突然、彼の両眼から涙が溢れ出してきた。長い間流したことのない涙が。同時に、意識の底に押し隠し、忘れ去ろうとしていたある出来事がよみがえってきた。

それは犯罪ではなかったが、神と人の前に決して赦されない悪事だった。でも、彼はそれを誰にも告白することができなかった。家族にも、また心をゆるしたどんな仲間にも。それを、なぜこのイエスという人は見抜いたのだろう。

その時、若者ははじめて理解した。自分が心の中に「罪」を隠したその時から、この奇妙な身体の疾患が現れるようになったのだ。両足が痺《しび》れ、耐えがたい激痛に襲われるようになった。そして、この病気は決して治らなかった。いや、そうではない。(自分で治ることを許さなかった)のである。

「あなたの罪は赦されました」この驚くべき宣言は、若者を打ちのめした。(ああ、やはりこの人は、ただの人じゃなかった。罪を赦す権威のある、たった一人の人――つまり『神の子である救世主』ではないだろうか)

その時、客の中には律法学者やパリサイ人がいたらしく、イエスの言葉をとがめて、互いにささやき合った。

「この人は、なぜあんなことを言うのだろうか。罪を赦すだと…」

「それは神を汚す言葉だ。神のほかに誰が罪を赦すことができようか」

すると、イエスは彼らが論じ合っていることから、彼らの考えを見抜いて言った。

「あなたがたはなぜそんな愚かなことを論じ合っているのですか。この中風を患う若者にとって、あなたの罪は赦されたと言うのと、起きて床を片づけて歩きなさいと言うのとどっちがたやすいと思うのですか。しかし、人の子は罪を赦す権威をもっていることがあなたがたにわかるように――」

そして、若者たちに言った。「さあ、立って寝床を片づけて家にお帰りなさい。もう何も心配することはないんですよ」

すると、驚くべきことが起きた。中風を患い、寝たきりになっていた若者は立ち上がると、自分の寝床を片づけ、それを脇に抱えると戸口から出て行った。そして、家の外で待っていた友人たちと一緒に踊るような足取りで家路を辿ったのだった。

この奇跡を目《ま》の当《あ》たりにした人々は、ガヤガヤと騒ぎ立てた。彼らは長い間床についていていて、立つことはおろか寝返りも打てない病人が、癒やされたことに仰天した。だが、その中の多くの人は、このわざを見て、罪の赦しが何か病気の治癒と深い関係のあることを学び取ったのであった。

＊　＊　＊　＊　＊　＊

家族のもとに帰った若者はその後、家の後ろの荒れた土地を耕して、そこにぶどうの木を植えた。木はすくすくと成長し、何年か後には見事な果実をつけるようになった。彼はその「ぶどう園」の主人になり、気立ての優しい娘と結婚した。

あの親切な三人の友人たちも、皆そろって所帯を持ち、一か月に一度は夫婦そろってこの「ぶどう園」を訪れた。そして彼らは、ぶどう棚の下で上等のぶどう酒を味わいながら、あのナザレのイエスのことを語り合い、その恵みを心から感謝するのだった。

「イエス様は、このぶどうの木のように、わたしらを支え、その希望となってくださる方だよ。まさに、あの方はまことのぶどうの木だね」

かつて中風を患った「ぶどう園」の主人は、いつも口癖のようにこう言うのであった。

5話　共同体を追われた男——取税人ザアカイ

イエスは彼に言われた。「今日、救いがこの家に来ました。この人もアブラハムの子なのですから。人の子は、失われた者を捜して救うために来たのです。」（ルカ19・9〜10）

彼は、長い間自分の名前を忘れていた。——というより、名前があったかどうかさえ考えもしなかった。「おい、おまえ」「この犬めが」と、彼はいつでも人々からこう呼ばれていたからである。

彼が、ユダヤ人共同体から締め出されたことには、理由があった。当時ユダヤは、ローマ帝国の支配下にあり、各都市にはローマ軍兵士が駐屯する兵営があった。そしてローマ帝国に対する反逆者がいないかどうか、見回りをしていた。そういう状況であるのに、よりによってこの男は敵国であるローマの役人に取り入って、取税所の取り立て役に納まっていたのである。

彼は、来る日も来る日も、首から銅板をぶらさげて、鉄の棒を片手に取税所に立っていた。そして、そこを通過する旅行者から「通行税」を取り立てた。彼はローマ人からかなり良い給料をもらっていたようだった。が、通行人から規定以上の金を取り立て、余った分を自分の懐に入れていた。

「ごらんよ。あの犬めが、すっかりローマ人に手なずけられて、尾っぽを振っているじゃないか」

取税所の入口や、町角でその姿を見かけると、ユダヤ人たちはひそひそ悪口を言い合った。彼が歩いていると、石を投げつける子どもたちもいた。もうひとつ、彼が嫌われ、ばかにされる理由として、その容姿がひどく醜く、惨めなほど背が低いことだった。彼は、ユダヤ人たちがひそひそ話をしている声が耳に入っても首をすくめ、心の中でこうつぶやくのだった。(見てろ、今に吠え面《づら》をかかせてやるからな)

この取税所は、規定の料金が払えない者がいると、待ってましたとばかりにその腕をつかんで引きずって行き、獄吏に引き渡して牢にぶち込ませるのだった。残された妻子が抱き合って泣いている姿を見ても、全く心が動かなかった。

(何てひどいやつだ。あいつには人間の心がないのかね)人々はささやき合い、この背の低い役人を憎しみのこもった目で見つめるのだった。

こんな男のたった一つの楽しみは、仕事が終わると、住居の地下室に降りて行き、こっそりと溜め込んだ金貨、銀貨を一枚一枚数えながら、チビリ、チビリと酒を飲むことだった。

(おれだって、結構いい暮らしをしているじゃないか。世の中はすべて金さ。金さえありゃ、どんなことだってできるさ)と、彼はつぶやいた。しかし、そうしながらもなぜか心の中に、ぽっかりとあいた穴に冷たい風が吹き込むのを感じるのだった。


そんなある日のことだった。前の通りが騒がしくなったと思うと、あちこちから人々が集まってくる気配がした。

「何だろう」と彼が外に出てみると、すでに道の両側には人々が並んでいて、首を伸ばして遠くを見つめている。「この騒ぎは一体何だね」取税人は、にわかに興味を覚えて、見ず知らずの男に声をかけた。

「ああ、何でもナザレのイエスという偉い預言者が、ここを通られるということだよ」

その男は普段、口もきかず、道で行き合っても「ジロリ」と上目使いでこちらを見るような相手だったが、この日に限ってこんな口調で話をするのだった。

「預言者だって？　そいつは一体何をする男かね」

「彼は、ガリラヤでたくさんの病人を癒やし、死人までよみがえらせたって言う、うわさがあるんだよ。それから、いろいろとためになる話もみんなにしてくださるという話だ」

別の男も言うのだった。

「もしかしたら、その人は皆が期待している『救世主』かもしれないよ」

そのうちに、ガヤガヤと騒ぎ立てる人々の声が一層大きくなり、どうやらその一行が向こうからやって来る様子が伺えた。そこで取税人は人々をかき分けて前に出ようとしたが、大勢の人に遮られてしまった。

「ようし、待ってろよ。いい考えがあるからな」

彼は強引に人をかき分けて前に出ると、そのまま一行が来るであろう道を駆けて行った。そして、道端に葉を茂らせている大きな、いちじく桑の木にするすると登った。

「ここならよく見えるぞ。あっ、来た、来た！」

やがてイエスとその一行が近づいて来た。イエスはたくさんの人に周りを取り囲まれていた。両側にいる一人は岩のように頑丈な体つきをした男、もう一人は痩せ形の若い男だった。そのあとから弟子らしい者が続き、さらに偉そうな様子をした律法学者やパリサイ派の人たちの姿も見えた。

取税人は両足を木の枝にかけ、真中の太い幹にしがみつくようにして下を覗き込んだ。――と、一行が真下に差しかかったその時である。取税人を、驚愕させることが起きた。イエスはピタリと足を止め、上を見上げたのである。取税人は慌てて、落ちないように両手で木にしがみついた。するとイエスは、その涼しい目でじっと彼を見つめ、こう声をかけたのである。

「ザアカイよ、急いで降りて来なさい」

ザアカイだと。ザアカイ。取税人の脳裏にずっと昔のことで忘れかけていた光景がよみがえった。母親が幼い彼を抱きしめ、体を揺すりながらこう言っていた。（いい子だねえ、ザアカイや……おまえはザアカイなんだよ……）

そうだった。自分には名前があったんだ。「犬」とか「おまえ」ではなく、ちゃんとした名前が。それにしても、このイエスという人はどうしてそれを知っているんだろう。

「さあ、早く降りて来なさい。今日あなたの家に泊めてもらいますから」イエスの言葉が続く。ザアカイは夢を見ているような思いでいちじく桑の木を降りると、この未知の人と向かい合って立った。すると、身も心も抱き入れてくれるような温かな眼差しが彼に注がれた。

「あなたの家に、案内してください」こう言いつつ、イエスはまるで友人のようにザアカイと一緒に歩き出した。

(こんなに偉い先生が、わが家にこられるなんて。こんなことがあっていいんだろうか)

そうつぶやきながら、ザアカイはまるで雲の上を歩くように、浮き浮きと一行を自分の家に案内した。共同体から締め出され、町の人がまるで汚らわしい者でも見るようにして、口もきいてくれないこんな自分を、この先生は、最も親しい友人のように扱ってくれた。なぜだろう。

「イエス様。あなたは罪びとの家に入り、一緒に食事をなさるんですか」と、一人のパリサイ人がイエスにこっそりと尋ねた。すると、イエスはこう答えたのだった。

「わたしがこの世に来たのは、失われた人を尋ね求め、これを救うためです」


町の人たちから忌み嫌われていた男の、押し潰された自尊心が回復した時、ザアカイははじめて、すべての人と対等に向き合うことができるような気がしたのだった。

家に着くと、彼は大きな「たらい」に水を汲んできて一行のほこりにまみれた足を洗った。それから彼らを食卓に案内しておいて、自分は地下室に駆け降りて行き、麻袋の中から銀貨を数枚つかみ取り、市場に買い物に行った。そしてパンや魚や肉、さらに普段はあまり口にしない果物や、菓子まで買いそろえると、両手に抱えて戻って来た。

「ゆっくりしていてくださいよ。あの、自分は独身者《ひとりもの》なんで、いつも自分で料理してるんです。これで結構料理がうまいんですよ。今日は腕によりをかけて、ケバブ（焼き肉料理）をこしらえますからね」

ザアカイは、浮かれたようにペラペラしゃべりながら料理をはじめた。嬉しくて、そわそわしていたためか、油をこぼしてしまったり、はねた油で衣服を汚してしまったりした。そんな彼を、イエスは微笑をたたえながら見守っていた。

心尽くしの料理を食べ、高価なぶどう酒の栓を抜き、蜜菓子まで楽しんでから、一同は打ちとけていろいろなことを語り合った。ザアカイが意外に思ったのは、てっきり難しい律法の講義でもされるんだろうと思っていた。しかしイエスと弟子たちが話題にしたのは、今年は畑の麦がよく育ったということや、この町で最近起きた出来事、誰々が結婚式を挙げたとか、ある家の息子が一人前になって、父親の跡をついで石工《いしく》になったこと等々であった。

それから、夜がふけた時、イエスを真中にして共に床にざこ寝した。ザアカイは、すっかり心が高揚しており、眠ることができず、ついに夜明けを迎えた。


翌朝、一行は早くに旅立つ予定だった。ザアカイは、寂しい思いをこらえつつ、一行のために飛びっきり上等の朝食を用意した。

そして、いよいよイエスと弟子たちがサンダルの紐を結んでいる時、彼は突然大声でこう言った。

「先生！　わたしは誓って自分の財産の半分を貧しい人に施します。また、もし誰かから不正な取り立てをしていましたら、それを四倍にして返します」

それはザアカイが、もう会うことはないと思われたイエスに対する、ありったけの返礼だった。

その時、イエスは晴れやかな微笑を浮かべ、両手を彼の肩にかけて言った。

「今日、救いがこの家に来ました。この人もアブラハムの子なのですから」

その後、この取税人ザアカイが歩んだ第二の人生を、私たちは容易に推察することができる。多分、彼は溜め込んでいた財産をことごとく貧しい人に施し、自分は給料だけでつつましく暮らしたに違いない。また、その住居を開放して、どんな人でも気楽に訪れることができるようにしたことだろう。

そして、しばしば友人となった人たちや、その日のパンにもこと欠くような者がいると彼らを招き、一緒に食事をしたのではないだろうか。それから、自宅の後ろの庭の手入れをし、そこで近所をうろつく貧しい家の子どもたちを遊ばせ、密かに懐にしのばせた菓子を配ったりしたかもしれない。

こうして、共同体を追われ、町の嫌われ者であった惨めな男は、イエスと関わったことから新しく生まれ変わり、思ってもみなかったような豊かな第二の人生を歩むことになったのである。

＊　＊　＊　＊　＊　＊

6話　命の水――サマリヤの女

イエスは答えられた。「この水を飲む人はみな、また渇きます。しかし、わたしが与える水を飲む人は、いつまでも決して乾くことがありません。わたしが与える水は、その人の内で泉となり、永遠のいのちへの水が湧き出《で》ます。」（ヨハネ4・13〜14）

それは、朝からひどく暑い日だった。イエスと弟子たちは、スカルというサマリヤの町に入った。弟子たちが市場に買い物に行っている間、イエスは「ヤコブの井戸」と名づけられた古い井戸の傍らに座っていた。ちょうど昼の十二時に、一人のサマリヤ人の女があたりをはばかるようにして井戸に水を汲みに来た。

この女は、なぜ一番暑い時刻に水を汲みに来たのだろうか。それには、深い理由があった。彼女は身持ちの悪い女で、近所の主婦たちは彼女の姿を見るごとに、互いにひそひそと陰口をたたいていたので、それを避けるために、わざわざこんな時刻を選んだのだった。

イエスは、彼女が井戸の所に来た時、言葉をかけた。「わたしに水を飲ませてください」

サマリヤの女は、目を見開き、まじまじと相手を見た。と、その口もとに奇妙な笑いが浮かんだ。彼女はそこにいる男が、自分たちサマリヤ人を軽蔑して、交流を避けているユダヤ人であることを知り、思いっきり皮肉をぶつけてきた。

「あんたは、ユダヤ人じゃないの。あたしたちと口もきいてくれないユダヤ人がさ、どうしてサマリヤ人のわたしに『水を飲ませてくれ』だなんて言うの」

すると、イエスは、女が食ってかかったにもかかわらず、柔らかな口調でこう言うのだった。

「もしあなたが、『水を飲ませてください』と言った者が誰であるか知っていたら、あなたの方から願い出て、生ける水をもらうでしょうに」

(何だって？　この人は少しアタマがおかしいんじゃないの)女は、かっとして、もっとひどい口調でけんかを売った。

「あんたは、水を汲む物を持っていないじゃないの。しかもこの井戸が深いことも知ってるでしょう。その生ける水とやらを、どこから手に入れようっていうのさ。あんたは先祖のヤコブより偉い人なのかい」

しかし、イエスは女の毒を含んだ言葉を受け止め、なおも話しを続けた。

「この水を飲む人は、だれでもまた渇くでしょう。しかし、わたしが与える水を飲む人はいつまでも渇くことがないばかりかその人のうちで泉となり、永遠の命に至る水が湧き上がるのです」

その時、奇妙なことだが、突然女は激しい渇きを覚えた。カラカラに乾いた自分の日常生活の中に、潤いなんてどこにもなかった。思えば、自堕落な生活を続けてきたのも、心のどこかで「飢え渇きが満たされたい」という願いがあったからなのだ。水。命の水だって。ああ、そんなものがあったら――。女の口調が突然変わった。

「先生。それならば、変わりばえのしない、決まりきった毎日の生活の中で、来る日も来る日もわびしく骨の折れる水汲みを続けなくてもいいように、そんな水があったらわたしにくださいよ」

その時だった。またしても、女を仰天させる言葉がイエスの口から洩れた。

「行って、あなたの夫をここに呼んで来なさい」

（ええ！　何だって。どうしてそんなことをこの人は言うんだろう）

「私には、夫がいません」と、叩きつけるように女は言った。イエスは、なおも言う。

「そうでしょう。あなたには五人の夫がいたが、今一緒にいるのは正式の夫ではないのだから」

　ここまで言われると、女はどうしようもなかった。怒りよりも驚きのほうが強く、女は一瞬言葉を失った。この人は、私のことを何でも知っている。どうしてだろう。このままでは非常にまずいことになりそうだ。と、突然、女は話題を変えることを思いついた。

「私は、あなたが偉い預言者だということが今わかりました。それは認めますよ。それならば聞きたいんだけど、私たちはずっとこの山で礼拝してきました。あんたがたユダヤ人は、礼拝する所はエルサレムだと言っています。とにかくあんたがたはサマリヤ人を見下しているんですからね。礼拝の場所まで区別するんですよ。ならば、私たちは一体どこで礼拝すればいいいんですかね」

　女は、自分の恥ずべき生活が暴露されることを何よりも恐れていた。それで言い逃れのために、こうして話題を宗教問題に変えたのである。しかも彼女は、ユダヤ人の自分たちサマリヤ人への偏見を訴え、勝ちを作ったのであった。

　しかし、イエスはこれをもって一番大切な魂の問題へと、女を導いたのだった。女が自堕落な生活をするのは、その人生に本当の喜びがなく、二義的な肉体の快楽をもって心の飢え渇きを満たそうとしていることを、すでに知っていた。そこでイエスは、わざわざ弟子たちから離れ、この「ヤコブの井戸」の傍らで彼女を待っていたのだった。そして、この不幸な女に真の人生の意義を教え、喜びを泉のように溢れさせてやろうとした。

「わたしの言うことを聞きなさい。あなたがたがこの山でも、エルサレムでもない所で神を礼拝する日が来ます。すべての人が霊とまことをもって、天の父を礼拝する時が来る。いや、今来ているのです。神は霊であるから、礼拝する者も霊とまことをもって、礼拝すべきです」

もしかしたら……もしかしたら……。突然、ある予感が女の心の中で稲妻のように閃いた。神聖な思いに打たれ、思わずこの見ず知らずのユダヤ人の前に、ひざまずいた。

「先生、私は、皆がうわさをしているキリストと呼ばれるメシア『救世主』が、私たちの所に来られることを知っています。もし、その方が来たら、きっと私たちにすべてのことを教えてくれるでしょう」(キリストは、ギリシャ語で『救世主』との意。ヘブル語では、メシアと呼ばれる。)

その時、イエスは言った。「今あなたと話をしているわたしが、その『救世主』です」

女の手から、水瓶が滑って落ちた。彼女は飛び上がると、自分が水を汲みに来たことなど忘れて、町の中に駆けて行った。

「皆さん、来て、見てください」と女は、ありったけの思いで叫んだ。「私の今までの生活も、私がしてきたことも。いいえ、私の心の中の苦しみも――何もかも分かってくれた人がいるんです！　もしかしたら、あの人が『救世主』かもしれません！」

女は通行人をつかまえてはこう言って歩いた。「私は、泥沼のような生活から救われました。あの人はきっと『救世主』です。行ってごらんなさい！」

すると、人々は続々とイエスがいる「ヤコブの井戸」に集まり始めた。サマリヤの女は、今や快楽によって飢えを満たそうとする生き方ではなく、もっと精神的な深い喜び、生きる希望と感謝、そして新しい人生を構築していこうとする思いが、泉のようにこんこんと心の中から湧き出してくるのを覚えつつ、その場に立ちつくしていた。

＊　＊　＊　＊　＊

彼女は、サマリヤの町を出ることはしなかったが、町の大通りの一角にテントを張り、そこで料理屋を始めた。ちょうど彼女と同棲していた男は、彼女に愛想をつかして出て行ってしまったので、彼女は独りで生きていく決心をしたのである。

彼女の料理の腕は抜群だったので、店は繁盛した。そこにはサマリヤ人だけでなく、やがて仲の悪かったユダヤ人も来るようになり、彼らはいつのまにか和気あいあいと、一緒に食べたり飲んだりするようになった。そして小さなコミュニティができたのである。

サマリヤの女は、料理を作っている時も、客の相手をしている時も、自分が体験した「生ける水」の話をするのだった。そして、最後に必らずこう言っていた。

「あのイエス様に、生ける水をいただいてから、あたしの人生変わったんです。そうしてね、この目で見ていなくても、いつもあの方が一緒にいてくださるような気がするので、ちっとも寂しくないですよ。その上、前は大嫌いだったユダヤ人とも友だちになれて――こんな幸せな人生ってあるでしょうかね」

彼女は、お金のある人からは飲食の代金をもらったが、貧しい人にはただで食事をふるまった。そして、物乞いの姿を見ると店に引っ張ってきて、おなかいっぱい食べさせたり、貯えてある水を何杯でも飲ませるのだった。

そのような時、彼女は無上の幸せを感じ、喜びが泉のようにこんこんと心から湧き出して、彼女と接するすべての人をも潤すのであった。

7話　虚無主義の克服――富める若者

イエスは彼を見つめ、いつくしんで言われた。「あなたに欠けていることが一つあります。帰って、あなたが持っている物をすべて売り払い、貧しい人たちに与えなさい。…」（マルコ10・21）

「一体、自分に何が不足しているのだろう」と若者は、自問自答した。父親から受け継ぐべき莫大な資産は、彼が一生豊かな生活を続けていける約束をしてくれているし、何よりも彼自身のための預金が使いきれないほどあった。

それでも、若者が何もせずにいる事は良くないというので、父親はその店の一つを彼に譲った。彼はその店の経営者になったが、使用人たちがなにもかもやってくれるので、普段は店を彼らに委せていた。そして自分は毎日ぶらぶらと遊んで過ごすことが多くなった。

彼には友人がたくさんいた。彼はその中でも、特に気に入った者たちといつも一緒に遊んだ。屋敷に招いた楽師が奏でる音楽を楽しんだり、豪華な食事をしながら語り合ったり、時には野外劇場で、芝居を見たりすることもあった。その暮らしぶりは「まるで王侯のようだ」と、誰もがささやき合うのだった。

その一方で、両親は彼が幼い頃から高徳のユダヤ人のラビ（教師）を屋敷に招き、『モーセの律法』をしっかり教え込んでもらった。そのために、彼はまだ十代のうちに守るべき掟《おきて》をすべて守り、律法の書をすらすらと暗記することができたのであった。さらに家庭教師であるギリシャ人の学者から、文学や哲学なども教えられ、詩を作ったりすることも大きな楽しみの一つだった。

「実際、きみほど恵まれた人間は、ほかにはいないんじゃないかな」と友人の一人は、しみじみ言うのだった。

「将来も保障されているし、後見人もいる。それに、何不足ない生活を送ることができてたくさんの友だちや知り合いは、きみと交際したくていつも周りで世話をやいている。まったくうらやましい限りだよ」と、別の友人も、同じようなことを口にして溜息をつくのだった。

しかしながら、――いつの頃からだろうか。彼は自分の心の奥底に、ぽっかりと穴があいていることに気がついた。その暗い穴は何をもってしても埋めることはできなかった。そこには空虚な冷たい風が絶えず吹いており、希望や安らぎ、人と交わる喜びといった温かな感情を残らず吹き飛ばしてしまうのだった。どこにいても、何をしていても、味けない思いがその心をさいなみ、こんなことをしていて何の意味があるのだろうか——という思いが彼を苦しめた。

（何が不足だというんだ）彼は、自分を叱りつけた。（すべてのものを持っているじゃないか。何一つ欠けているものは無いというのに）

しかし、虚無的感情は、深い絶望感となって彼の心を食い破り、責め苛《さいな》むのだった。彼の口もとから微笑が消え、次第に表情がなくなってきた。心配した両親は、高貴な身分の家と交流があったので、そこの令嬢を紹介してもらい、彼と付き合うようにさせた。

両親は、この令嬢は美しく、また賢く、気立てもよかったので、ゆくゆくは息子と結婚させたいと、考えていたのである。若者も彼女が気に入り、少しの間は交際することによって気持も明かるくなったかのように思われた。

しかしながら、三か月はどたつと、突然彼はこの令嬢との交際を打ち切り、同時に親しい友人たちとの集まりにも顔を見せなくなった。彼はすべてが煩わしくなり、人との付き合いがうっとおしくなってしまったのである。

（一体自分は、どうなってしまったんだ）若者は胸も破れるばかりに溜息をついて、こうつぶやいた。

（なぜこのように、何をやっても虚しくなり、新しいことを始めても喜びが感じられないのだろう。なぜなんだ）

そんなある日のこと。友人の一人が旅支度をして彼に会いに来た。そして、こんな話をするのだった。

「隣りの町に、引っ越すことになったんだ。もう会えないかもしれないと思ったから、あいさつに来た。実はね、ここに来られたナザレのイエスという方と出会って、すっかり人生観が変わったんだよ。毎日が面白くないことばかりだったけど、あの方と出会って何だか暗い心の中に灯がともったようだった。

お金をもうけ、好き勝手なことをやり、面白おかしく過ごすだけが人生じゃない。弱い人をいたわり、皆と仲よく助け合ってささやかな生活をしていくこと——そこに本当の幸せがあるような気がしたんだよ。

隣りの町に住む叔父が、病気でね。叔母一人で介護するのが大変なんだ。それで、ぼくは隣りの町に行き、叔父夫婦と一緒に住んで助けてあげたいんだ。すぐ近くに、古くからの付き合いの大工が工房を構えていてね。手に職をつけさせてくれると言うんだよ。そうすれば、そこで働かせてもらって叔父の介護をしてあげられる。大変だろうけど、何だかすごく幸せな人生を見つけたような気がしてね。それじゃあ、きみも元気で暮らせよ」と言うと友人は別れて行った。

（何が新しい人生だ。それにしても、つまらない道を選んだものだな、彼は…）とつぶやき若者は、肩をすくめた。しかし、なぜか心の片隅で、ふとこの友人がうらやましくさえ感じたのだった。

　それからまた幾日かたったある日。別の友人が彼の所にやってきて、こんな話をしたのである。

「ねえ、きみ。ぼくはこの町で素晴らしいラビ（教師）と出会ったんだよ。ナザレのイエスと皆は呼んでいる。ほんのひと言、ふた言助言してもらっただけなのに、ぼくは人生を建て直すことができたんだ。そのイエス様は、もうじきここに来られる。きみも会ってみないか。きっと、きみのために良い結果になると思うよ」

　若者は首を横に振った。――が、ふと考えた。（待てよ。それほど偉いラビなら、会ってみるのもいいかもしれないな。そうだ、自分が今悩まされているこの憂うつ病、これを治してくれるかどうか、試してみようじゃないか）

そこへ、そのうわさの人――ナザレのイエスの一行がやって来た。

「偉大な先生！　お待ちしていました」若者は走って行き、イエスの前に膝をついた。「どうか教えてください。永遠に続く充実した人生を送るには、どうすればいいのでしょうか」するとイエスは手を差し伸べて彼を立ち上がらせ、慈愛のこもった目でじっと見つめた。

「なぜ、わたしを偉大な師と言うのですか。神のほかに偉大な、そして良い方は一人もいません。あなたが充実した人生を送りたいと思うなら、律法を守るようにしなさい。『殺してはならない。姦淫してはならない。盗んではならない。偽りの証言をしてはならない。だまし取ってはならない。あなたの父と母を敬え。』というモーセの掟です」

すると、若者は手を挙げてその言葉をさえぎった。

「先生、そういうことは小さなうちから守っています。両親が祭司を家庭教師としてつけて、律法を学ばせてくれましたので…」

その時、イエスは父が息子を見るように愛情のこもった眼差しで、若者を見て言った。

「あなたには、足りないものが一つあります」

「それは何でしょう。先生、おっしゃってください」と、せき込んで尋ねる若者に対し、イエスの口から出た言葉は意外なものだった。

「あなたの財産をすべて売り払って、貧しい人たちに施しなさい。そうして、わたしに従ってきなさい」

若者は、雷に打たれたように茫然として、その場に立ちすくんでいた。一瞬、心の中で振子が左右に揺れた。それから大声を上げると、両手で顔を覆い、くるりと後ろを向いて立ち去った。

(できない……そんなこと。できるわけがないじゃないか。自分には莫大な財産があるんだ）彼は心の中で叫んだ。一体どうしたらいいんだ。どうしたら……。

＊　＊　＊　＊　＊　＊

しかし、イエスの目には、ずっと後になって――それは十年後か、二十年後か分からないが――虚無主義から解放され、自分のライフワークを見つけた若者の姿が映し出されていた。いつかきっと、彼は心の中にあいた深い穴がふさがったことを知り、自分が本当に自分らしくあるライフワークが見つけられるだろう。

それは、資産を盗まれはしないかとか、莫大な財産をどうやって守っていったらいいのか、ということに心が揺れ動くのではなく、貧しい人々に何かしてあげること、そして彼らの喜ぶ姿を見て平安と喜びを感じて神に感謝ができるような、そういう人生を見つけた若者の姿だった。

（彼はきっと他者のために生きることによって真に豊かな人生を得られるだろう）イエスは微笑しつつ、いつまでも彼の後姿を見つめていた。

事実、それから二十年もたたないうちに、イエスの弟子たちが各地に散って福音を宣べ伝えるようになった。すると、その持てる財産をすべてささげて、教会堂を建てたり、その教会で貧しい者たちへの小麦の配分と孤児の世話をする働きを始めると、これを助けるために共に働いた富豪がいたことが知られている。

これが、この時にイエスを訪ねた若者であるかどうかは分からないが、その可能性は大いにあると言えよう。

8話　煩雑な生活のほころび――マルタとマリヤ

主は答えられた。「マルタ、マルタ、あなたはいろいろなことを思い煩って、心を乱しています。しかし、必要なことは一つだけです。…」（ルカ10・41〜42）

ベタニヤ村に、マルタとラザロ、そしてマリヤという三人のきょうだいが住んでいた。多分両親は早く亡くなったのだろう。姉のマルタが母親代わりに、弟と妹の世話をしていた。マルタは家事の能力が抜群で、掃除も洗濯も手際よくこなし、特に料理の腕は素晴らしかった。彼女は模範的な主婦だったのである。

これに対して、妹のマリヤはおっとりとした性格で、よく姉の手伝いはするが、時々大切なことを忘れたり、何かに気を取られて失敗をするのであった。彼女は常に夢見がちなところがあり、強《し》いられないと身の回りのこともできないような女性だった。マルタは、そんな妹を可愛がりはしたが、時としてイライラすることがあった。

「マリヤったら、頼んでおいたことをしていないじゃないの。水を吸んでおいてと言ったのに、まだやってないの」

「何してるのよ。そんな手つきじゃ野菜も切れやしないよ」とマルタは、気分がモヤモヤしていたり、忙しくしている時には必らず妹を叱りつけた。

そんな時、マリヤは悲しそうに微笑したまま、じっと姉を見上げ、何一つ言いわけをしなかった。彼女は口下手だし、自分で自分を弁護する方法すら知らなかったのである。

そんなある日のこと。この家族が心から敬っているナザレのイエスというラビ（教師）が、この家を訪れることになった。イエスがベタニヤに来ることを知ったマルタが招待すると、イエスと弟子の一行は喜んで承だくしたのだった。さあ、この時とばかり、マルタは腕まくりして招待の準備にとりかかった。

「マリヤ、足を洗う水桶を用意してちょうだい」

「それから、火をおこしておいて」

「鉄板を磨いておいて。すぐパンが焼けるようにしておいてね」

マリヤは言いつけられたことをやってはいるのだが、なにしろ手が遅く、その動作もぎこちないので、マルタはイライラした。

「早くしてちょうだい。お客様がそろそろ見えるじゃないの」

妹を叱咤激励するのだが、そのうちにあわてたマリヤは、水を入れた小鉢を落として壊してしまった。

「何してるのよ！　あんたは、もう！」ついに、かっとしたマルタは、妹をこづいて怒鳴りつけた。

「自分で壊したんだから、後始末しなさい。どうしてこういうことになってしまうの！」

完全主義というものが、自分をも関わる者をも不幸にしてしまうということに、マルタは気づいていなかった。彼女は完璧な主婦だった。そして、これこそが彼女の誇りだったのである。しかし、食事の準備がまだ整っていないうちに、イエスの一行が到着した。

マルタは、ほつれた髪を整えながら、そそくさと一行を出迎えた。そして、マリヤが準備した水桶を持ってきて一行の足を洗うと、食卓に案内した。

「すみません。バタバタしておりまして、まだ食事の準備ができておりませんので」と、マルタは言いわけをした。

「どうぞおくつろぎください。すぐに用意ができますから…」

しかし、イエスはそうしたことを少しも気にかけないといった様子で椅子に腰を下ろすと、すぐに集まってきた人たちに話を聞かせはじめた。

マルタは急いで台所に行き、下ごしらえをしておいた料理を温め、パンを焼き終えた。それから、ぶどう酒の皮袋をあけ、客に回すために壺に注ぎ入れた。それから一応の準備が整ったので、料理を運ぶためにマリヤを呼んだ。

「ちょっと、マリヤ。これを運んでちょうだい。マリヤったら、いないの」

仕方なく、マルタはまずぶどう酒の入った壺を運び、それから出来上がった料理を食卓に並べた。その時になって、彼女はマリヤがイエス様の足もとにしゃがみ込み、じっと話に聞き入っているのを見た。

「ちょっとマリヤったら！　呼んだのに聞こえないの」そして、とうとう堪忍袋の尾が切れて、マルタは尖った声を出した。マリヤは仕方なさそうに立ち上がった。

「ああ、イエス様。妹がわたしに、こうやっておもてなしの用意をさせているのをご覧になって、何とも思われませんか」

マルタは自分を抑えることができず、今度はイエスにまで激しい口調で言ってしまった。

「妹に、少しはわたしの手伝いをしてくれるように、おっしゃってくださいまし」

その時、何ともいえないほど穏やかで温かな言葉が、イエスの口から洩れた。

「マルタよ。マルタよ。あなたは多くのことに心を配って思い煩っています。しかし、無くてはならないものは多くはない。いや、一つだけなのです。マリヤは、その良い方を選んだのですよ」

その時、マルタはグサリと心を突き刺されたような気がした。そして、自分が惨めでたまらなくなった。

（何て、私は愚かなのよ）と、心の中でマルタは自分自身を叱った。（何て見苦しいところを皆さんに見せてしまったことかしら。そんなにキリキリする必要なんてなかったのに……）

それから、一同はマルタの心尽くしの料理に舌鼓を打ち、その間にもイエスの話は続いた。それはとても楽しく豊かな時間だった。そしてイエスは帰る時に、そっとマルタの手を握りしめた。

「見苦しい所をお見せしてしまってすみませんでした」とマルタは、そっと小声でわびた。しかし、イエスは優しく微笑んで、彼女の労をねぎらったのだった。

さて、それからしばらくして、とんでもない悲劇がこの家を襲った。真ん中のきょうだいのラザロが、突然死んだのである。この時、マリヤは悲嘆にくれるマルタにこう勧めた。

「お姉さま、どうしてイエス様にお願いしないのです。あの方なら、きっと助けてくださるのに」

そうだった。マリヤの言うとおりだ——とマルタは思い直し、妹をはじめて頼もしい存在に思った。そして、すぐに人を使わしてイエスを迎えに走らせた。

イエスは求めに応じて、この家にやって来てくださった。そして、すでに死んで四日もたっているラザロを、よみがえらせるという奇跡を行ったのだった。この時、マルタは実に感動的な信仰告白をした。彼女は、イエスにこう言った。

「……主よ、信じます。あなたがこの世に来るべきキリストであり、神の御子であることをわたしは信じております」（ヨハネ11・27）

＊　＊　＊　＊　＊　＊

この二人の姉妹は、イエスと関わったことで内面的に大きく成長した。妹のマリヤはこの後、イエスが受難を控えてベタニヤの彼らの家を最後に訪問した時、密かに溜めておいたお金をすべて使って、ナルドの香油を買い、それをイエスの足に塗り、自分の髪の毛でそれを拭った。

その時、イエスの弟子の一人イスカリオテのユダはそれをとがめて、「香油を売れば、三百デナリにもなるではないか。それを貧しい人々に施せるものを」と言った。

しかしイエスは「そのままにさせておきなさい。マリヤは、わたしの葬りの日のために、それを取っておいたのです」（ヨハネ12・7）と言われて、このマリアの麗しい奉仕を喜んで受け入れ、これを祝福したのだった。

姉のマルタは、弟のラザロを死からよみがえらせたイエスの奇跡のわざを見て、素晴らしい信仰告白をした。それ以来、きょうだいと仲よく身を寄せ合ってひたすら、祈りと賛美の生活をしたと言われる。一説では自分の家を開放して、つとめて旅人をもてなし、彼らにイエスが「救い主」であることを宣《の》べ伝えたようだ。

この姉妹の麗しい行為は、まさに福音が語られる限り、記念として全世界の人々に覚えられたのである。まさに、二人の姉妹は、煩雑な生活のほころびを見事に縫い直したのであった。

9話　エパタ（開け）――海辺の障害者

（イエスは）ご自分の指を彼の両耳に入れ、それから唾を付けてその舌にさわられた。そして天を見上げ、深く息をして、その人に「エパタ」、すなわち「開け」と言われた。（マルコ7・33～34）

彼はその病気が、先天性のものであるのか、また後天的なものであるのか分からずにいた。かすかに覚えているのは、少年の頃、養父母からひどい虐待を受け、それ以来その人生が閉ざされてしまったことであった。

早くに両親を亡くした彼は、鍛冶屋の夫婦に引き取られたのだが、二人は彼にもの乞いをさせ、何がしかの金を稼いでこさせるのだった。そして、稼ぎが少なかったり、全くなかった日には、殴る、蹴るの暴行を加えた。

「おまえ、何と言って人からお金をもらうんだ。言ってみろ」

「哀れなもの乞いでございます。……どうかお恵みを……」と言うと、たちまち鉄拳が飛んできて、彼は打ち倒された。

「そんな言い方じゃだめだ。いいか、こう言うんだ。ここをお通りの旦那様。哀れな障害者でございます。どうか、わずかばかりのお恵みを――こう言わなきゃ何ももらえないぞ。さあ、言ってみろ」

「こ、こ、ここをお通りの……旦那様……哀れなし、し、し、しょうがい者で……ございます……」彼は言われたとおりの言葉をくり返したが、そのうち奇妙な状態に陥った。舌が引きつって、まともにしゃべることができなくなってしまったのである。

「しょ、しょ、しょ、しょうがい……しやで……ご、ご、ご、ございます……」

「ふざけるんじゃない！　ちゃんとしゃべってみろ」養父は、彼が本当に口がきけなくなったことを知らずに、怒って彼を打ち叩いた。しかし、どんなに暴力を振るっても、彼はまともにしゃべれなくなってしまったのだった。

そのうちに、鍛冶屋の夫婦は別の所に引っ越すことになり、このお荷物である吃音《きつおん》の少年を置き去りにして行ってしまった。そこで彼は、一人でこの海辺の町で生きていかねばならなかったので、路地裏に座ってもの乞いをするようになった。

そんなある時、さらなる不幸が彼を襲った。突然耳の後ろで「ジ〜ン」という音がしたかと思うと、物音が全く聞こえなくなってしまったのである。このため、完全に人とのコミュニケーションがとれなくなってしまった。そこで彼は、自分の座った前に賽銭箱を置いて、憐れみ深い人がその中にお金を入れてくれるのを待った。そして、わずかでも恵んでくれる人がいると、その硬貨をにぎって市場に行き、食物と交換するのだった。

こうして、口もきけず、耳も全く聞こえない生けるしかばねとなった彼は、その路地に住みついてしまった。そして、ひたすらもの乞いをしながら心のうちで、早く死が訪れてくれることを願いつつ日々を過ごしていた。ついに六年の歳月が流れた。

そんなある日のこと。それは重苦しく濁った空気がぬぐい去られ、初夏の空気がたちこめた爽やかな日だった。男は、海風が自分の上を吹き過ぎていくのを感じて、その香りを胸いっぱいに吸い込んだ。何だかすべてが一変するような素晴らしいことが起きるのではないか——と。そんな予感を覚えた。

その時、町の辻から人々が集まってきてガヤガヤと話しながら山の方に向かうのが見えた。そして、座って物乞いをしている男の前にも人が集まり、同じ方向に流れて行く。彼は、いつもの癖で防御の姿勢をとった。以前、このように座っていると、駆けて行く者の足が賽銭箱に当たり、中のお金をまき散らされたことがあったからだ。また別の日には蹴られて後ろに引っくり返ったこともあった。そんな時には、彼には聞こえないが脅しの言葉が浴びせられた。口の動きで彼らはこう言っていた。

（あっちへ行け、汚いやつ！）

（ここはおまえの来る所じゃないぞ）

しかし、何だか今日は違っていた。誰もそうして脅したりする者はなく、何かの衝動にかられたように、急いで山の方へ行く。そのうち、二人の男が連れ立ってやってきた。そして、そのうちの一人が彼に目を止め、連れの男に何か言った。

二人は親切そうな男たちで、何やら相談していたが、もの乞いの男の耳に口を当てるとこう言った。

「どんな病人でも治してくださる偉い預言者が山に来なすったそうだ。その方はな、あらゆる病気を治す力をお持ちだという。もしかしたら、おまえさんも治してもらえるかもしれないよ」

「そうだ。行ってみるか。連れてってあげるよ」

不思議なことであるが、彼らの声は聞こえないのに、その言葉が男に理解できたのである。彼の目から涙が流れ落ちた。こんなに優しくされたのは、はじめてだった。彼らは親切にも、ものがしゃべれず、聞こえもしない男を立ち上がらせると、その手を引いて歩き出した。

イエスは、大勢の人がひしめき合う中にいた。それにもかかわらず、彼の目には二人の者に抱えられるようにしてやって来る体の不自由な男を見ていた。

「先生、この人は言葉がしゃべれません。どうやら耳も聞こえないようなんです。あんまりかわいそうなので連れて来てやりました。どうか治してやってください」と、一人が説明した。

すでにイエスは、この男を遠くから見るうちに、彼の中にある暗い、人に語ることもはばかられるような過去があることを理解していた。男は、イエスの前に立った瞬間、突然まばゆい光が自分の上に注がれたような気がした。

彼はその前にひざまずくと、思わず両手を喉に当て、呻き声を上げた。幼・少年時代に虐待され続け、その挙句に捨てられた心の傷が癒やされないまま心に残り、精神的外傷となっていたのである。今それが照らし出された。イエスは、この男の傷害の原因が生まれつきのものではなく、明らかに心因性のものであることに深い同情を注いだ。彼は暴力によって支配され続け、人間としての誇りも尊厳ももぎ取られ、役に立たないボロ布のように捨てられた瞬間から、その舌も耳も機能を失って廃人となってしまったのだ。

イエスは、この男の肩を抱くようにして、少し離れた所に連れて行った。

(あなたの長い間の苦しみを、わたしは知っている。そして、その人生が閉ざされてしまったことも)

言葉にしなくても、男にはイエスの語りかけが理解できた。その時、その心に長い間積もっていた人に対する恐怖や憎しみが氷のように溶けていくのが感じられたのだった。イエスは、両手をそっと男の耳に差し入れた。そして、男の顎を持ち上げるようにして口を開かせると、自分の唾でその舌を潤し、天を仰いで溜息をついた。それから、男に向かって言った。

「エパタ(開け)!」

すると、驚くべきことが起きた。男の耳と舌を固く縛りつけていた呪怨《おんねん》の鎖が解けると同時に、たちまちその体の機能が回復したのである。

「ああ、聞こえます。あなたの声が！」男は叫んだ。「打ち寄せる波の音も、人々のどよめきも、吹き渡る風のささやきも――何もかも聞こえます」

男は、泣きながら続けた。

「そうして、舌のもつれも解けて、このとおりしゃべれます！　しゃべれます！」

＊　＊　＊　＊　＊　＊

この奇跡は、この不幸な障害者が癒やされたことだけに留まらなかった。温かな愛のさざ波は、そこに居合わせたすべての人たちの心にひたひたと打ち寄せ、これを包み込んだ。最も冷酷な者でさえこの時、弱い者にわずかな心配りをすることは何と自分を幸せにすることだろうか――と思わずにいられなかった。

その時、彼につき添ってきた男たちのうちの一人が言った。

「イエス様。この人の世話をわたしがいたしましょう。わたしの家は狭く、家族四人暮らしですが、皆優しくて思いやりのある者たちです。この人を家族の一人として迎え、一緒に暮らそうと思います。うちは商売をしておりまして、今大変忙しく、男手があったらと考えていたものですから、この人にも手伝ってもらえたらうれしいと思いますので…」

イエスは彼らを祝福すると送り出し、岩陰にその姿が消えるまで見送っていた。重い障害を負っていた男は、この親切な皮細工職人に腕を取られて歩き出した。日は傾き、海のざわめきは人生を謳歌するかのようだった。心身の障害から解放された男の幸せな第二の人生は、こうして始まったのだった。

10話　きよめられた血――重い皮膚病を患う男の再起

イエスは手を伸ばして彼にさわり、「わたしの心だ。きよくなれ」と言われた。すると、すぐにツァラアトが消えた。（ルカ5・13、ツァラアトは現在のハンセン病の症状だがここでは重い皮膚病と表記しておく）

男はその病気にかかる前は、幸せな生活を謳歌していた。記憶の中に残っているのは、金細工人の仕事もうまくいっており、美しく気立てのいい嫁をもらって夫婦仲良く過ごしたあの黄金の日々であった。人は不幸のどん底に落ちると、反射的に最も幸せだった時のことを心によみがえらせると言われている。男も、今あの祝福された結婚式のいくつかの場面を悲しい思いで思い起こしていた。

両親や知人、友人が祝福する中を、男は花嫁の手をしっかりと握りしめ、祭壇に向かって歩んでいた。

10話　きよめられた血

「死が二人を分かつまで…」と、祭司が二人を娶《めあわ》せ、両者の手を一つに重ねると、自分の手を上に置いて祝福した。自分の手の中で、新妻の手がかすかに震えるのを男は感じた。(死が二人を分かつまで) 男は幸せを噛みしめながら、心の中で和した。

その後、二人は仕事場のついた新居に移り、つつましい中にも平穏な日々が始まった。仕事も順調だったし、妻の両親が来て同居すると、二人は明るく心優しい人たちだったので、生活はさらに楽しいものになった。時として、男はこのような幸せを享受していいものだろうか——としみじみ思うのであった。

こうして、新居での生活もすっかり落ち着いた頃、その日男は用事があって市場の前を通りかかった。ふと見ると、道の傍らでエジプト人の芸人がコブラを踊らせて、見物料金をとっていた。芸人が悲しげな音色の曲を笛で吹くと、壺の中からコブラはくねくねと身をくねらせて出てきた。それは見たこともない艶やかな色彩をした蛇だった。男はすっかり魅せられ、知らず知らずのうちに引き寄せられるように前に出た。

「ねえ、ちょっと触らせてもらえないかな」抑え切れない興味からこう言うと、芸人は手を伸ばして、蛇のヌメヌメした体をつかんだ。

「へい、どうぞ。大丈夫ですよ。歯は抜いてありますから」

男は手を伸ばすと、蛇の艶やかな濡れた体を触った。その時である。いきなりビリビリと電流のようなものが伝わってきて、男は飛び上がりそうになった。「はっ」として目をこらすと、自分を見つめている蛇の目とぶつかり、結ばれた。蛇の目には怪しげな色がメラメラと炎のように燃えていた。

（こういう瞬間が、いつか来るんじゃないかと思っていたが、現実に起こるんだな）と男は、ぼんやりつぶやいた。体は痺れたように動かなかった。——と、恐ろしいことが起きた。男の目にはその蛇が「ニヤリ」と笑ったように見えたのである。

（悪魔だ！）男はぞっとした。こいつは蛇の形を借りた悪魔だ。その瞬間、右手首がチクリとしたような気がした。見ると、小さな赤い斑点ができている。男は恐慌《きょうこう》をきたして、蛇を振り落とし、その場から駆け去った。

それから何日かたった頃、男は妙に体がだるくなり、起き上がれなくなった。家族は、彼が新しい環境の中で、仕事に力を入れすぎたために疲れたのだろうと、休ませることにした。しかし、何日たっても熱が引かない。そのうち、体に赤い斑点ができ、それが体中に広がっていった。

さらに何日かたつと、患部がたまらなくかゆくなり、間もなく、それが苦痛に代わっ

た。家族は心配して医者に来てもらうことにした。診察した医者は難しい顔をして、

「うーん」と唸ったきり、両手で長い髭をなでた。

「先生、この人は何という病気にかかったのでしょうか？」妻は心配して医者に尋ねた。

「これは……もしかすると……」医者はそう言ったきり、また口を閉ざした。

「先生、この人の病名は何ですか」と再び妻が尋ねた。

「今ここでその病名を口にすることは、はばかられる。もう少し様子をみて、治らなかったら、祭司にその体を見せなさい」と言うと、医者はそそくさと帰って行った。そして、それっきり来てくれなかった。


男は家族に付き添われて、祭司のもとを訪れた。もうその頃には体中の肉が崩れはじめ、体全体がまっ白に変色していた。祭司は別室に家族を待たせておいて、彼をつれて一番奥の部屋に入った。それから服を脱がせて調べた途端、険しい表情になり、後ずさりして叫んだ。

「呪われるがいい！　おまえは神の怒りにふれたのだ。その体に広がっている病状を見た限りでは、おまえは悪性の皮膚病にかかっておる。決して癒やされることのない業病《ごうびょう》にな」

それから、別室で待っている家族の所に行って、宣言した。

「かわいそうだが、あの男は神の怒りに触れて、呪われた病気にかかってしまった。よいか、もう彼を家の中に入れてはならぬ。あの男は自らの罪を苦しみによって償わねばならないのだ」

家族はこれを聞き、大声を上げて泣き悲しんだ。しかし、家族の中からこの悪性の皮膚病にかかった者が出た場合、その根を絶つことが共同体の掟《おきて》に定められており、家族は従うしかなかった。彼らは悲しみ、胸を打ちながら帰って行った。祭司は、次に不幸な男に一本の杖と鈴を与えて言った。

「今からおまえはこの町を出るのだ。そうして人と出会ったら、この鈴を振って、『わたしは汚れています！　汚《けが》れています！』と叫んでそれを知らせねばならぬ。さあ、呪われた子よ、さっさと立ち去るがいい！」

「わたしは汚れています！　汚れています！」不幸な男はそう叫んで鈴を鳴らしつつ、やがてその町を出て隣りの町に入った。道行く人々は、彼の姿を見て仰天し、驚きあやしみつつ、脅したり、石を投げつけたりして追い払った。

「かわいそうに。あの人は神様の怒りに触れるような、どんな悪事を働いたんだろうねえ」と、そう言って同情し、わずかばかりのお金を投げ与えてくれる人もいた。しかし、多くの者は彼の姿を見て顔を背《そむ》け、唾を吐きかけるのだった。

そのうち、男はたった一つのことに望みをつないだ。それは、安らかな死に場所を見つける——ということだった。

（死のほうが憐れみ深いからな）彼はつぶやいた。そう、体を切り裂くようなこの苦痛から解放され、石をぶつけられることもなければ、意地悪な言葉で追い立てられることもないだろうから。そして、ある地点まで来た時、彼はたまらない喉の乾きを覚えた。しかし、水を飲ませてくれる者すらいなかったのだ。彼は、岩のくぼみに溜まった水をすくおうとして屈み込んだ時、水面に映ったのは、全身まっ白になり、肉が崩れ、手足が曲がって変形してしまった自分の姿だった。

そうして歩き続けるうちに、見知らぬ町に辿り着いた。不思議にその日はのどかな日で、空は抜けるように青く、風は爽やかで、苦痛にさいなまれる彼の体を優しく包んでくれるようだった。

（あの日はどこへ行ってしまったんだ。あの祝福に満ちた美しい日は）彼は泣きながらつぶやいた。すべてが奪い去られてしまったのだ。

どのくらいたったことだろう。午後の日差しが移ろい、影が濃く長く尾を引いて目に映る時刻となった。――と、ガヤガヤという声がして、多くの人がこちらにやって来る気配がした。彼はあわてて大きな木の後ろに隠れ、疲れた体を横たえようとした。

その時である。海の方から漁師の子どもたちがバタバタと駆けながら、歌うように叫んでいるのが聞こえた。

もうすぐ来るよ　イエスさま来るよ
病人どこだ　けが人どこだ
みんな外に出ておいで
イエスさま　なおしてくださるよ

死に場所を求めて、這いずるようにしてこの地にやって来た病人は、木の後ろから出てきた。もう鈴を振って人々に警告することを忘れており、また妙なことだがそこを通る人たちも、彼に目を止めても石をぶつけたり、追い払ったりすることがなかった。

やがて、うわさのイエスが大勢の人に囲まれるようにして近づいてきたので思わず目をこらすと、意外にもその人は思ったよりも若く、その外観もごく普通のユダヤ人であった。しかし、イエスの眼差しと出会った時、男は釘づけになった。黒く澄んだ目は、誰もが威圧されるような光を放っており、心の底まで刺し通すような威力があった。しかし、その口もとには微笑が浮かび、晴れやかなその顔からは慈愛と深い共感が溢れ出している。（この人なら、きっと治してくれる。どんな医者も治せないような、この業病を）と思い、ある予感に突き動かされ、気がついた時には、彼はイエスの前に泳ぎ出て、その前にひざまずいた。そして、行かせまいとして、その外套の裾にしがみついた。

「いと高き所にいらっしゃる神の子であるイエス様、わたしを救ってください」と彼は必死で叫んだ。

するとイエスは屈み込んで、低い声でささやいた。「あなたはわたしに何をしてほしいのですか」

「わたしは業病にかかり、全身が侵されています。呪われたこの病気で死にかけているのです。みこころでしたら、きよめていただけるのですが」

すると、爽やかな声が返ってきた。「あなたを苦しみから救うのはわたしの願いであり、意志であります。どうか、あなたの全身がきよめられますように……」その言葉が終わらないうちに、男の体に変化が現れた。

まず、切り裂くような痛みが消え去り、全身の血潮が体の隅々までトクトクと規則正しく流れはじめ、癒やしの中でその四体がのびのびと解放された。そして何と不思議なことだろう——肉が崩れて腐り始めた手足を見ようとした時、驚きの声が男の口から発せられた。いつの間にか、体が元の健康な状態に戻っていたのである。

そのまま、イエスは弟子たちと共に遠ざかって行った。彼は茫然と、礼を言うのも忘れて、その場に立ちつくしていた。その時、後ろから誰かが駆け寄ってきた。

「あなた！　やっと見つけたわ。あなたが町を出るなら、わたしも……」それは、男の妻だった。彼女は、元のとおりになった夫の姿を見ると、嬉しさのあまり「わっ」と泣き出した。

「もう大丈夫だ。イエス様がこの体を癒やしてくださったからね」男はそう言いつつ、愛する妻を堅く抱きしめた。そして二人は互いに支え合うようにして、家族のもとに戻って行ったのだった。

＊　＊　＊　＊　＊　＊

年老いた妻の両親は、元の体で戻ってきた娘の連れ合いを堅く抱きしめ、心から喜んだのだった。やがて以前のように平和で楽しい日々が彼らのところにめぐってきた。男はわき目もふらずに商売に打ち込んだ。

もう市場に出かけても、蛇をなぶって遊ぶようなまねはせず、どんなに面白い見世物小屋の前を通っても見向きもしなかった。そして、ひたすら金細工の腕を上達させ、素晴らしい作品を作り出したので店は大変に繁盛した。

すべてが以前のとおりであったが、一つだけ変わったことがあった。それは、店の前を惨めな姿の病人が通りかかると、男は必らず飛び出して行って水と食物をふるまい、何がしかの金を与えるのだった。

また、鈴の音が聞こえ、「汚れています！　汚れています！」と叫びながら、呪われた皮膚病にかかった者が通りかかった時も、男は恐れることなく近づいて、金をもたせてやった。時には、人目のない所で休ませてやることもあった。そのうちに不思議なことが起きた。男がイエスの名によってこの哀れな病人のために祈ると、その病気が治ってしまったのである。

男は工房でこつこつと仕事をしながら、いつでも自分が作った歌を歌っていた。それは、「イエスはわが望み、わが冠」という歌だった。

やがて息子を授り、大きくなって仕事を手伝うようになり、親子そろってこの歌を歌いながら、仕事に励むのであった。

11話　難病から救われて——長血《ながち》を患う女

彼女はイエスのことを聞き、群衆とともにやって来て、うしろからイエスの衣に触れた。「あの方の衣にでも触れれば、私は救われる」と思っていたからである。（マルコ5・27～28）

それは、とても辛い病気だった。特に女性の身としては、耐え難いものだった。生理（月経）が巡ってくるたびに、我慢できないほどの腹痛が起き、下腹《したはら》を抑えてしゃがみ込まなくてはならないほどの激痛に変わる。そして、出血が始まるのだが、それは日増しに量を増し、いくら厚い布をつけていても、衣服を汚してしまうのだった。

彼女は、生理期間中は人目を避け、不快な厚手の布を下半身に巻きつけ、特に用事のない限りは外出しないようにしていた。しかし、痛みのほうは容赦なく彼女の痩せた肢体を責めさいなむのだった。

そんなある時、必要としている生活の糧の品々を買い求めるために、どうしても市場に出かけなくてはならなかった。そこで運悪く、彼女は仲の良い女友達と出会った。

「あら、顔色が悪いけど大丈夫なの」と友人は、青ざめた彼女の顔を見て心配そうに尋ねた。

「ええ、平気よ」そう言った瞬間、またしても我慢できないほどの腹痛が起きた。彼女は下腹を抑えてしゃがみ込んだ。そして、尋常ではない出血を覚えて、そっと下着の中に手をやってみると、溢れ出す血が下半身を濡らし、さらにそれが両足を伝って衣服の裾を汚していたのだった。

彼女は苦痛よりも、死ぬほどの恥ずかしさを覚え、心配して問いかけてくる友人を突きのけるようにして家に駆け戻った。それっきり、彼女はどこにも外出できなくなってしまったのである。

それでも、親切な友人は心配して彼女の家を訪れた。すると、彼女はこの友人にすがりつき、わっと泣き出した。

「わたしは呪われているの。女として口にできないような恥ずかしい病気をしているのよ。だから、——ありがとう、親切にしてくれて——でも、もう誰とも会いたくないの。

一つだけ最後にお願い。わたしの病気のこと誰にも言わないで」

「……わかったわ。あたし、誰にも言わない」友人は扉に口づけをすると、悲しみながら立ち去った。


彼女は、町の人が名医だとうわさをしている医者の所にこっそり相談に行った。

「ううん。あんたの病気を治すのは難しいね」医者は長い髭をなでながら続けて言った。

「血の道というのは医者が診ても分からんことが多いのだ。それは医者よりも祭司に相談したほうがいいんじゃないかな」


こんな具合で、何人かの医者は彼女から高い初診料をとりながら、彼女を診ようともせずに帰すのだった。それでもあきらめずに、彼女は何軒も医者の家の扉を叩いた。そのうちに、とんでもない医者と出会うこともあった。

「これは難しい病気だから、治療費を先払いしてほしい」と、そう言われて、彼女はかき集めてきたお金を全部差し出した。それは、全財産ともいうべきものだった。すると、医者は金を懐にしまってから、彼女の衣服を脱がせて言った。

「ううむ。あんたは美しい体をしておる。だからな、きっとこれは悪魔の仕わざじゃ。悪い霊がこの体に入っておる」そう言って、医者は彼女の体に触り、淫らな行為を仕かけてきた。

「やめてください！」ありったけの力で医者を突きのけ、強い怒りと悲しみをこめて彼女は叫んだ。

「わたし、帰ります！」そして、両手で顔を覆って泣きながら家に駆け戻った。それから、寝床に突っ伏した。すべて終わりだった。この悪徳医師のために彼女は全財産を奪い取られてしまったのだ。それから何日かたって、彼女の女友達がまた家にやってきた。

「帰ってちょうだい！　わたしはもう誰にも会いたくないって言ったじゃないの」彼女は、ふとんをかぶったまま叫んだ。もう二度と家から出たくなかった。食料は尽き、水もなくなっていたが、それでもこうして寝床の中でじっとしていたら、いつか死ねるだろうと思っていたのである。

「ねえ、聞いて」友人は戸口に口をつけるようにして叫んだ。「起きなくていいわ。わたし家の中に入らないから、そのまま聞いて」そして彼女は、驚くべき話をしたのだった。

「あんたのために、いい知らせをもってきたの。この町に偉い預言者が来ていらしってね——イエス様と皆は呼んでいるわ。その方はどんな病気も治してくださるんですって。いいえ、病気だけじゃない。何でも死んだ人をよみがえらせる力もおありなんですって。まだカペナウムの町にいらっしゃるそうよ。今、海辺で話をしていらっしゃるわ。だまされたって、いいじゃないの。一度会ってごらんなさい。ねえ、もし駄目だったら、わたしの命を奪ってもいい。だからお願い。一度このお方に会ってみて」

女はもう誰も信じたくなかったが、友人の言葉には不思議な説得力があった。彼女は、一縷《いちる》の望みをかけて、教えられた通りに町中を通り抜け、海辺に行ってみた。そのイエスという人は、大勢の群集に取り囲まれていて姿は見えなかったが、わずかに着ている白い外套が見えた。彼女は恐る恐る近づいて行った。

すでにひしめく人の群れが道をふさぎ、とてもそばまで行けまいと思ったが、彼女はありったけの力で人をかき分け、肘で突かれても、押しのけられても、その下をかい潜って何とか前に出ることができた。しかし、とても自分の病状について話す勇気はなかった。(話したところで、もの笑いになるだけだろう。たとえ治してもらえたとしても、ここに集まっている人は、きっとわたしのことを話のねたにしてあざ笑うにちがいない)このように思ったが、その一方で、もっと強く「治りたい」という意志が心の中から湧き出してきた。

（そうだ、あの偉い方に治していただけないにしても、せめてあの白い衣の端に触ったら、気持ちがよくなって痛みが柔らぐのではないだろうか。あのお方は普通の人間ではないようだから、きっとわたしの苦しみをすべて分かってくださるに違いない）

そこで女は、必死でその足元まで這って行き、手を伸ばしてイエスの白い外套の裾に触った。その瞬間、イエスは振り向いた。

「わたしの外套の裾に誰かが触った。わたしの中から力が出ていったから分かります」

すると、すぐ側の人が言った。「イエス様。これだけの人が押し合い、ひしめき合っているんですよ。誰が触ったかなんて分からないじゃないですか」

しかし、イエスは言った。「いいえ、触った人がいます」女は、自分が失心してしまうのではないかと思った。自分はとんでもないことをした。この何もかも見通す力をもった方に対して何と失礼なことをしたんだろう。

こんな恥知らずな女の業病《ごうびょう》を、この神様みたいな方が治してくださるわけがない。もう言い逃がれはできないと思った女は、イエスの前にひれ伏し、頭を地面にすりつけた。

「失礼なことをいたしました。おゆるしください。わたしはひどい病気にかかって、――

生理痛がいつまでも続き、出血が止まらないんです。何人のお医者様にかかったか分かりません。そのために、全財産を使ってしまいました。でも、この病気を治してくれるお医者様はいませんでした。それどころか、なぐさみものにする人もいたんです」

そして女は泣きながら、自分の症状を話した。不思議なことであったが、このイエスという人の前に出た時、他人には決して話すことのできなかった自分の病気のことを自然に話すことができたのだ。

「わたし、あなたが神様から遣《つか》わされた方であると信じます。それで…せめてあなたの外套の裾に触れれば…それだけで力が与えられるんじゃないかって…。そうしたら、死なずに済むんじゃないかって…。そう思ったんです」と言いながら、涙が溢れ出してきて止まらなくなった。

その時である。女の体に変化が起きた。重く不快な下腹の鈍痛が消え去り、爽快な気分になった。それと共に、流れ出す血によって濡れて足にまとわりついていた衣類が乾き、さらりとした感触が自分を包むのを彼女は感じた。

イエスは、手を差し伸べて女の手をつかみ、しっかりと握りしめた。温かい手だった。そして、恐れおののく女の目に、慈愛に満ちた優しい眼差しが向けられた。

「娘さん、あなたの信仰があなたを救ったのです。安心してお行きなさい。すっかり治って健康でいるんですよ」

女はびっくりして、立ち上がった。イエスは何事もなかったように、再び群衆を前にして話を始めた。

人ごみから抜け出し、しばらく行った所で、女は恐る恐る衣服の裾に触ってみた。それは、洗濯したてのように何のしみも汚れもない、白い衣服に変わっていた。それから、下着の中に手を入れてみると、すっかり出血は止まっており、下着は乾いてさらりとした感触を女の手に残した。

＊　＊　＊　＊　＊

女は、踊るような足取りで家に向かった。入口の前には、女の友達が心配そうに立ち尽くしていた。女は駆け寄ると、両手をひろげてこの親切な友を抱きしめた。

「ありがとう！　お陰ですっかり治ったわ」

「わたし、あのお方を知っていたの」と、友人は言った。

「もうずっと前から。あのお方はね、わたしたちすべての人を救ってくださる神の子、救い主でいらっしゃるのよ」

　それから何年かして、この仲の良い友だち同士はそれぞれ幸せな結婚をし、子どももさずかった。たびたび、二組の家族は一緒に海岸に出かけ、海を見ながら食事をしたり、子どもたちを遊ばせながら、いろいろなことを語り合った。そんな時、二人の女性は自分たちが目の当《ま》《あた》りにした驚くべき癒やしについて語るのであるが、彼女たちの夫も、妻の信仰を見て深い感化を受け、イエスが万人の救い主であることを信じたのである。

「わたしも、イエス様のことを話に聞いていたよ」と、一人が言うのであった。

「友人の一人がひどい病気になった時、つき添ってイエス様のもとに行ったことがあるからね。だから一目で彼が普通の人間ではないことが分かった。あの方こそ生ける神の子キリストだよ」

12話　喜べ！　立て！——盲人バルテマイ

イエスは立ち止まって、「あの人を呼んで来なさい」と言われた。そこで、彼らはその目の見えない人を呼んで、「心配しないでよい。さあ立ちなさい。あなたを呼んでおられる」と言った。（マルコ10・49）

エリコの町はずれの岩陰に、バルテマイという物乞いが座っていた。彼はテマイという人の息子だったので、そう呼ばれていたのである。彼は、十四、五歳の頃までは目が見えており、家族と共に普通の生活をしていた。父親は両替商人であり、かなりの収入を得ていたので、彼らは安楽に暮らしていた。

そんなある日のこと。とんでもない不幸がこの家族を襲ったのである。バルテマイは、この町にたむろする若者たちと仲良くなり、冗談口を叩き合ったり、一緒に居酒屋に行ったりするようになった。だが、その中の一人が、なぜかしつこく彼の住所や家族のことを根ほり葉ほり尋ねはじめた。彼は何か嫌な予感を覚えたが、この友人に嫌われたくなかったので、家の住所や父母の名を教えてしまった。

それから一週間後のことである。この友人を先頭に、五、六人の男たちが家に押し入り、父親を殺して金庫から金を盗み、母と妹をつれ去ってしまった。彼らは強盗の一味だった。バルテマイはやっとそれに気づいたが、すでに後の祭りだったのである。

さらなる悲劇が襲ったのは、それから間もなくだった。ある日の夕暮れ時、バルテマイがつれ去られた母と妹のことを思って夕日を見つめていると、突然異変が起きた。はじめに、沈んで行く太陽が、それからバラ色に染まる雲が、そして木々が、遠くの岩山が色あせ、少しずつぼやけはじめて、ついには暗黒の世界がすっぽりと彼を包み込んでしまったのである。

その恐ろしさに、手さぐりしながら家に入り、そのまま、まんじりともせずに夜を明かした。しかし、朝が訪れ、小鳥の鳴き声が聞こえ、町が喧騒に包まれる頃になっても、依然として彼の周りは闇に包まれたままだった。

(見えない！　この目が見えない！)

彼は手探りをし、両手で頭を抱え、泣きだした。(いったいなぜ、こんな不幸が続いてやってきたんだろう）と、いくら考えても、分からなかった。

ある日、バルテマイはわずかばかりのお金をもって、放浪の旅に出た。どこまでも続く乾いた道を、とぼとぼ歩くうち、不覚にも涙が溢れ出し、頬を濡らした。旅をすることを思い立ったのは、目は見えなくても、こうして歩き続けるうちに、運がよければ母と妹に巡り合えるだろうと考えたのだった。もちろん、それは奇跡に近いが、どうしても合えなければ、どこか最果ての地にこの疲れた体を横たえ、永眠したいと思った。

そのうちに、道は石ころ道に変わり、風は砂を含んで吹きつけてきた。夕陽が沈んで行くらしく、夕映えがわずかにまぶたの間から中に射し込み、一瞬網膜を明かるく照らした。彼の心の目に、なつかしい家族の笑顔が映し出された。

（自分が悪いのだ。自分が強盗の一味と付き合うことさえしなければ、こんな悲劇は生まれなかったのに）と思わず、そうつぶやいた。自分が情けなくて、情けなくて、彼は号泣した。

そのうちに、旅人が行き交うさまが感じられ、一人の者に尋ねると、そこはエリコという町であることが分かった。バルテマイは道端に座り、物乞いを始めた。そんなある日のこと。一人の男が通りかかり、何がしかの金をめぐんでくれてから言うのだった。

「おまえさん、目が見えないのかい」

「はい」と彼は言った。

「強盗に入られ、父は殺されました。母と妹は行方が分かっていません。多分、他国に奴隷として売られてしまったんでしょう。そうした不幸が重なって、わたしは目が見えなくなってしまったんです」

「どれ、目を見てあげよう」その人は、バルテマイの目を調べると言った。

「確かに、おまえさんは眼病にかかっている。それも一番たちの悪いやつだ。これでは薬もきかないだろう。どうやらおまえさんは神の怒りに触れ、二度と光が見られないようになってしまったに違いない。気の毒だが、何も手立てはない」と言うと、頭を振り振り、行ってしまった。バルテマイの見えない目から涙が滝のように流れ落ちた。

「もうすべておしまいだ。夕焼けも、海のざわめきも、行きかう人の姿も見ることができないのだ。ああ、もうだめだ、もうだめだ」と言うと、ひと思いに身を投げて死んでしまおうと、高い崖に登った。

その時だった。崖下の道を大勢の人たちが通り過ぎる気配がした。バルテマイらはすぐ近くの山に向かっているようだった。

「おまえさん、目が不自由なのかね」と一人の男が声をかけた。

「はい、全く見えません」バルテマイは答えた。すると、その人はこんな話をした。

「偉い先生が今ここに来ていらっしゃるんだよ。その方はな、イエス様というお名前で、どんな病気も治してくださるそうだから、もしかしたらあんたの目も治してくださるかもしれないよ」

「医者はだれだって同じさ」バルテマイは、捨てばちになって言った。

「前に名医だと評判の人を訪ねてみたけど、治してもらえなかった。だから、自分はもう医者なんてものは信じていないんだ」

「でも、あの人は違う。普通の医者とどこか違っているんだ。まあ、そこで待っていなさい。聞いてみてあげるから」そして、彼は向こうに歩いて行った。バルテマイは、期待もせずにしばらくそこに座っていた。すると、その男がもう一人の仲間と一緒に戻ってきた。

「喜べ！　立て！　おまえを呼んでいらっしゃるぞ」そして二人は、両側からバルテマイの体を支えるようにして歩き出した。

「先生、つれてきました」と言う声がした。バルテマイはその時、ある人の前に立っていることを感じた。するとその瞬間、彼は不思議な体験をした。何か温い波のようなものが彼に伝わってきて、やがてはそれが体の隅々まで広がっていったのである。そして、彼の心と体をさいなんでいた痛みが徐々に消えていった。やがて爽やかな声がした。

「わたしに、何をしてほしいのですか」その時、バルテマイは、せきを切ったようにしゃべり出した。

「見えるようになりたいんです。この目で、もう一度海に沈む夕日を見たいんです。そうして野原や青い空、流れる雲。駆け回る子どもたち――そんな美しいものを、もう一度この目で見たいんです」

するとバルテマイの目に優しく手が当てられた。不思議な感触だった。そして、その人は言った。

「あなたは、わたしにその力があると信じるのですか」

「はい、信じます。あなたはわれわれ人間の救い主でいらっしゃいますから」と彼がそう答えた瞬間、奇跡が起こった。

はじめは薄いもやがかかったように、暗黒の世界が徐々に薄れていった。それから少しずつあたりが明かるくなってきて、ぼんやりと物の輪角が見えはじめた。やがて、彼の目に青い空と海が映り、目の前にひしめく人の姿が見えてきた。それが次第にはっきりしてきて、両手を振っている人、肩を叩き合って談笑する人、駆け回る子どもたちの笑顔が飛び込んできた。

「ああ、見える！　見える！」と、バルテマイは叫んで、泣き出した。

イエスは、彼の肩に両手をかけて優しく言った。「安心して行きなさい。あなたの信仰があなたを救ったのです」

その時、はじめてバルテマイは自分を救ってくれた人の姿を、そして深い眼差しをその心に焼きつけることができたのだった。そして、イエスは群衆に囲まれて歩み去った。

バルテマイは飛び上がると、駆け出した。その時、ひしめく群衆の中から、二人の女が飛び出してきて彼に抱きついた。それは愛する母と妹だった。二人は強盗につれ去られたのだが、この強盗は別の悪事のために警備兵に逮捕され、その警備兵たちは公正に義務を果たす者たちだったので事情を調べた上、二人を帰してくれたのだった。

「わたしたちは、あんたをずっと探していたんだよ」母は彼を抱きしめて、泣き出した。

バルテマイも、奇跡的に助け出された母と妹を両手で堅く抱きしめた。

＊　＊　＊　＊　＊　＊

バルテマイはその後、家族をつれて小アジアのコロサイに渡った。この町は金融業が盛んな町で、亡き父親が商売を始める時に訪れたことがあると聞いていたからである。彼はこの地で、父の商売を引きついで両替屋を開いた。そして、誠実に真面目に商売を続けるうちに生活も安定し、自分も家族も十分にパンを得ることができるようになった。彼は生活苦の中にある者には無担保で金を貸し、決して期限が過ぎても無理な取り立てをしなかった。

それどころか、少し経済に余裕が出てくると、「ある時払いの催促なし」という決まり事を作り、貧困に喘ぐ者たちに金を融通してやるのだった。こういう恩情的なやり方が商売仲間や町の人々の好感を買い、彼の商売はますます繁盛するのだった。そして、いつしか彼の店は「バルテマイの店」と呼ばれ、評判になった。

やがて彼は気立てがよく、しっかり者の嫁をもらい、一年後には長男を授かった。また、彼の妹もこの地の若い靴職人と結婚し、母親を引き取ることになったので、バルテマイは自分の家と隣接してテントを作り、両家は仲良く一緒に生活することになった。

新しいテントが完成した時、バルテマイはその太い支柱にある言葉を刻み込んだ。それには、次のように書かれていた。

「喜べ！　立て！　主イエスはわが望み」

13話　香油《こうゆ》をささげた女――町角の娼婦

「…ですから、わたしはあなたに言います。この人は多くの罪を赦されています。彼女は多く愛したのですから。赦されることの少ない者は、愛することも少ないのです。」そして彼女に、「あなたの罪は赦されています」と言われた。（ルカ7・47〜48）

あるパリサイ派の人がイエスを食事に招待した。このグループの人々の多くは、イエスにあまり好意をもっていなかったのだが、彼はイエスに興味をもち、イエスの教えがなぜ人々を引きつけるのかを知りたいと思っていた。彼の名は、シモンと言った。

パリサイ人や律法学者たちが、自分たちの師にあまり良い感情をもっていないことを知っていた弟子たちは、この招待に難色を示して、イエスに忠告した。

「これは何かの罠かもしれませんよ。彼らは隙あらば、あなたの言葉じりを捕らえて断罪しようとしておりますから…」

しかし、イエスはこの招待に応じた。彼はいかなる人であろうと——たとえ自分に対して良い感情をもっていない相手であろうと、招かれればその好意を受けるのであった。そしてその日、一行はパリサイ人の家に出かけて行った。すでに食事の支度ができていたので、一行は長椅子の上に横になった。

しばらくしてから、パリサイ人シモンが口を開いた。

「先生、今日はあなたの示唆に富むお話をお聞かせてください。なにしろ、あなたがお話をなさると、あの大群衆がピタリと鎮まって耳を傾けるんですからねえ。わたしどもも、あなたのお話が聞きとうございます」

そこで、イエスはシモンのためにひと言、ふた言、話を始めた。——と、その時である。扉がそっと押され、誰かが部屋に入ってくるのが分かった。迎え入れようと戸口に行った下僕は、見るも汚らわしいというように顔を背け、戻ってきた。

それは、黒い髪を長く垂らした女で、この町角でよく客引きをしている娼婦だったのである。律法学者やパリサイ人などが、彼女を「罪の女」と断罪して以来、町の人たち誰もが彼女のような職業に就く女のことを「罪の女」と、公言してはばからなかった。

シモンはこの女を見るや、不快そうに顔を背け、舌打ちをした。それから、出て行かせるように下僕に言いつけようとしたが、それより早く、女は両手で香油の壺を大切そうに抱え、客人たちが横になっている食卓に歩み寄った。

彼女は椅子に横向きになっているイエスに後ろから近づき、ひざまずいた。――と、突然その目から涙が溢れ出し、イエスのほこりにまみれた足の上にポタポタ落ちた。彼女は泣きながら、その長い黒髪で丁寧にそれを拭った。

そして、大切に抱えてきた香油の壺を割ると、たちまち芳香が広間いっぱいに広がった。一般の者には手が出ないほど高価なナルドの香油だった。彼女は両手に香油をつけると、それをイエスの両足に塗り始めた。パリサイ人シモンは苦々しい思いでこれを見ていたが、心の中でこうつぶやいた。

(もし、このイエスという人が本当に偉い預言者なら、今足を触っている女が誰だか分かるはずだ。汚らわしい商売の女なのだから)と、口には出さなかったのに、イエスは少し頭を上げ、彼に言った。

「シモン。あなたに言いたいことがあります」

「何でしょう。先生、おっしゃってください」

「ある金貸しにお金を借りた人が二人いました。一人は五百デナリ。もう一人は五十デナリ借りていたが返すことができなくなり、どうしたものか悩む毎日でした。しかし、この金貸しは心が広く、憐れみ深い人だったので二人の債務者をかわいそうに思い、債務を免除してやりました。どっちの人が、金貸しに感謝と敬愛の思いを強く持ったと思いますか」

シモンはじっと考えていたが、答えた。

「それは、五百デナリ借りていたほうの人でしょうなあ」

「そうです。あなたの判断は正しい」と言うと、イエスは厳しい目でシモンを正面から見つめた。

「この女を見なさい。あなたは、足を洗う水をくれなかったが、彼女は涙でわたしの足を洗い、自分の大切な髪でそれを拭ってくれました。あなたは、わたしに接吻してくれなかったが、彼女はわたしの足に接吻してやまなかったではありませんか。そして、あなたは油を塗ってくれなかったが、彼女は香油を塗ってくれました。これは彼女にとって、多分全財産を使って買い求めたものでしょう。それゆえ、彼女は今まで犯した罪の多くが赦されたのです」

それから、イエスは彼女に向かって言った。「あなたの罪は赦されました。あなたの信仰があなたを救ったのですよ。だから、安心して行きなさい」

女は喜びに顔を輝かせて、町を歩いていた。彼女は美しかったから、その姿を見て男たちが声をかけてきた。しかし、彼女はそのような――以前は良い客だったのだが――彼らには目もくれずに、ひたすら歩き続けた。そして、ようやく暗く、重い過去の人生を振り捨てることができたのだ。今日限り、この商売を廃業する決意が生まれたのだった。

彼女が娼婦になったのは、二つの理由があった。一つは生活のため。結婚できない女性にとって生きていくためには身を売ることしかできなかったのである。二つ目は、不幸な過去の傷のため。彼女は少女の頃、ある男に暴行され、それ以来男に対する憎しみが歪んだ愛欲に変わったのだった。彼女は男性を見るだけで肉欲の虜となって、激しい飢え乾きを覚えるのだった。

しかしながら、彼女は絶望していた。快楽というものは、嵐のような一瞬を過ぎてしまうと、逆に惨めな思いがこみ上げてくるからである。

（でも、人生なんてこんなものだわ）と、彼女は思った。自分は最低の女なのだから、最低の人生を生きていくしかないのだ。しかし——彼女はあがき続けた。そして、新しい相手を求めて男性から男性へと渡り歩き、惨めな思いをわずかに癒やしてくれるものを求め続けたのだった。

そんなある日のこと。彼女は町角で不思議な人と出会った。それはごく普通の身なりをしたユダヤ人の男性だった。濃い褐色の髪と髭。そして頭にはケッフィエ（被《かぶ》りもの）もつけず、白い外套を着ていた。

しかし、それは上から下まで縫い目のない珍しいものだったので、ちょっと心を引いたが、それは別としては、声をかけるような相手ではないと見て取った。彼女は肩をそびやかし、そのまま行き過ぎようとした。しかし、その時、彼女はなぜか振り返って、もう一度ユダヤ人の顔を眺めた。

と、そのユダヤ人も目を上げて彼女を見た。二人の視線が合ったとき、彼はとても疲れた顔をしていた。それにもかかわらず、その口もとに優しい微笑が浮かんでいたのである。

それは彼女ただ一人のために、周囲には多くの人がひしめいているというのに、彼女だけに向けられた微笑だった。何とそれには不思議な力がこめられていたことだろう。深いいたわりと、共感と、そして愛情に満ちていて、切り裂くような彼女の心身の苦悩を柔らげてくれるものだった。

それ以来、彼女はもう一度会いたくて、このユダヤ人を探し求めた。しかし、二度と再び会うことがなかった。と、ある時、彼女はその人がシモンというパリサイ人に招かれてその家に来たことを知った。

(あの方だわ。もう一度会いたいと思っていたあの方が、シモンさんの家にきていらっしゃる)彼女は、今まで溜めたお金を残らずかき集めると、それをもって油商人の店に行き、ナルドの高価な香油を買い求めた。そしてそれを、自分の心からの感謝のしるしとしてあの人にささげたのだった。

「あなたの罪は赦されています。あなたの信仰があなたを救ったのです。安心して行きなさい」と言う言葉を聞いた時、彼女ははじめて知ったのだった。自分がナルドの香油をささげたこの人こそ、長い間ユダヤ人たちが待ち望んでいた「救世主」だということを。そして彼は、人間の肉体のみならず、最も深い心の奥底の傷を癒やし、生きる力を与えてくれる人であることを。

もうこの神の人と、自分は二度と会うことはあるまいが、これからの人生にこのお方は寄り添ってくださり、どこにいても、何をする時も共にいてくださるのだという確証を胸に、彼女はひたすら歩き続けた。

＊　＊　＊　＊　＊　＊

彼女の故郷ベッサイダには、海辺に住んで細々と「網のつくろい」をして生活をしている叔母とその家族がいた。彼女は両親を亡くしてから、しばらくこの家で面倒をみてもらっていた。しかし、貧しい暮らしが嫌になって都会に出て以来、自分の美貌を武器にお金を稼ぐようになった。そして行き着くところ、男にだまされ身を持ちくずし、街娼《ストリートガール》になったのだった。

彼女はこのベッサイダの叔母を頼って、長い旅をした。叔母はすっかり老いていたが、家族と共に温かく自分の姪を迎えた。ここで彼女は、網のつくろいの技術を教えてもらい、ここの人たちと毎日真っ黒になって働いた。荒仕事のために、かつては白くしなやかだった手は荒れ、節くれだっていったが、彼女は幸せだった。

そして生涯結婚することはなかったがこの家族を愛し、心から満足して日々を送ったのだった。中でも彼女が一番幸せと安らぎを感じるのは、叔母の二人の孫たちにイエス様のお話をする時だった。

「イエス様はね、神様の子どもだったのに、この地上に来てくださったのよ」

「どうして」と子どもたちは目を丸くして尋ねた。すると彼女は網をつくろう手を止め、両手を広げて彼らを抱きしめて言うのだった。

「それはね、こうしてわたしたちを愛してくださっているからなの。今も、これからもね」

14話　天国での再会――あるサドカイ派の老学者

イエスは彼らに答えられた。「あなたがたは聖書も神の力も知らないので、思い違いをしています。復活の時には人はめとることも嫁ぐこともなく、天の御使いたちのようです。」（マタイ22・29〜30）

その頃、ユダヤ人社会にはユダヤ教の二つの宗派に属する人たちがいた。パリサイ派とサドカイ派である。両者はあまり仲が良くなかった。どちらかというと、パリサイ派の方が優勢で、彼らはサドカイ派の人々を見下すようなところがあった。この派の人々が主張する教理（真理とする教えの体系）は、「よみがえりも天国も実際にはない」ということであった。

そんなある時、サドカイ派のある老学者が、人々のうわさを聞いてイエスのもとを訪ねてきた。彼は老いていた。たった一人の娘のために、心の平安を与えてやりたいと思って、人目をはばかるようにして、イエスのもとを訪ねたのである。

「先生、わたしはあなたが神の人であり、天と地を治める力をもった方であることは存じております。どうか教えてください」と言って話を始めた。それは、こういうことだった。

彼は早くに妻を亡くして、男手ひとつで一人娘を育て上げた。そして、この娘も成長したので、ある裕福な商人のところに嫁がせた。この商人には七人の息子がいたので、娘は長男の嫁になった。二人は相思相愛の、実に仲のよい夫婦だった。ところが不幸なことに、この長男は結婚して間もなく、事故に遭って死んでしまった。

悲しみのうちに葬儀も過ぎ、少し落ちついた頃、娘は次男の嫁になった。次男は心優しく、彼女をとても大切にしたので娘は幸せだった。ところが、結婚して三か月もしないうちに、次男は病死してしまったのである。

仕方なく、今度は三男と結婚したが、何とこの三男も間もなく病気で死んでしまった。老学者は、もう結婚なんかしないという娘を説得して四男のところに嫁がせたが、やっと落ちついたと思う間もなく、この四男はある事件に巻き込まれて命を落としてしまったのだった。こうして、残りの五男、六男、七男と妻合《めあ》わせたが、彼らはみな、不幸なことに早死にしてしまったのだった。

そのうち、今度は心から愛しているこの娘も病気で倒れ、もう命もそれほど長くはないことが分かった。老学者は、胸も潰れる思いだった。

ある日、娘は死を覚悟して、涙を流しながら言うのだった。

「お父さん。わたしはもうだめ。死ぬのはちっとも恐くないわ。だってこの体は死んでも、もうひとつの別の世界があるっていうことを聞いたことがあるもの。みんなそこを天国と呼んでるわ。そうして、そこで夫たちはみんなわたしが行くのを待ってるの。ああ、ユダもヤコブも、タダイも、みんな愛したわ。みんな素晴らしい夫だった。でも、お父さん、一つ教えてください」そう言うと、娘は老学者の手を握った。

「わたし、わからないのよ。天国に行ったらいったい誰のお嫁さんになるのかしら。ユダ、ヤコブ、タダイ、それとも最後に死んだシメオンですか。それが分からないと、わたしは天国に行けないわ」そして、娘は泣きじゃくるのだった。

「泣くんじゃないよ」老学者は、悲しみに打ちのめされて言った。「少し待っておいで、実は今、この町にイエスという名の偉い先生が来られているんだ。わたしたち学者よりも、もっと偉い方だ。その方ならきっとおまえが抱えている難問を解決してくださる。わたしがその方に会って聞いてみるからね」そう言うと、老学者は、こっそりとイエスのもとを訪ねたのだった。
「神の人であられる方よ。すべての人を救う力をお持ちのイエス様。どうか教えてくださ
い」と老学者は、娘が今にも息を引き取ろうとしていること。そして臨終の床にあっても
なお思い煩いを抱え、それが解決できなければ天国に行けないと言っていることなどを話
した。すると、イエスは限りない同情と、思いやりをこめて老学者を見つめて言った。
「帰って娘さんに伝えなさい。天国に行ったら、そこではもはやめとったり嫁いだりする
ことはないのだと。――そうです。そこでは皆天使になるのですよ。そうして父なる神の
もとで仲よく、本当の兄弟として一緒にいるのです」
老学者は、急いで娘のところに戻ってきた。娘は今にも息を引き取ろうとしているとこ
だった。
「娘や、お聞き」義父は、娘の体を抱き抱えて言った。
「イエス様はね、こうおっしゃったんだよ。天国に行ったら、そこではもはやめとったり
嫁いだりすることがなくて、みんなが天使になるのだと。そうしてね、本当のきょうだい
になって仲よく一緒にいるんだと」
「そう……分かったわ……」娘の色あせた唇に、かすかな微笑が浮かんだ。

「みんな……きょうだいなのね、そのイエス様のところで。……ありがとう、お父さん……」と言うと、娘は幸せそうにほほえみ、安らかに息を引き取った。

老学者は、改めてイエスにお礼を言いたくて家を出た。すると、どこからか、聞き覚えのある声が響いてきた。

「あなたがたは、心を騒がせてはなりません。神を信じ、またわたしを信じなさい。わたしの父の家には、住居がたくさんあるのです」

その時、サドカイ派の老学者は、のびのびと心が解放され、自分もまた娘が招き入れられた天国への道が備えられていることを知ったのだった。

(よみがえりも天国もないなどと頑固に言っていた自分は、何と愚かな人間だったことか、この宇宙が広く、果てがないように、神様の愛はすべてを包んでくださっているのだ)彼はそう心につぶやくのだった。そして、いつの日にか、天国に広い家をもつ神の子イエス様のもとで、再び息子たちや娘と会える日のことを思うのだった。

＊　＊　＊　＊　＊　＊

それから二、三日後に、老学者に師事していた若い弟子の一人が、彼のもとにやって来て言った。

「先生。いつぞや先生が亡くなられた娘さんに、臨終の床で天国での生まれ変わりを説いておられたということを聞いた律法学者がいて、これはサドカイ派の教理を否定するゆゆしい行為だと言っておられます。たった今その主張を否定してください。そうしないと、先生をサドカイ派のグループから抹消すると言っています」

　老学者は悲しそうに微笑して言った。

「何が正しく、何が間違っているか、われわれに判断する力など本当はないのだよ。だから、天国があるかどうか、よみがえりがあるかどうか——それを議論することなど愚かなことだ。だがね、これだけは否定できない真実なのだよ。罪を知らないただ一人の方が、この暗くわびしい地上に来てくださり、われわれを救ってくださり、一人残らず天国に連れて行ってくださるということだ。どうしてだと思うかね」

　そして、彼は若い弟子の手を取って引き寄せ抱きしめた。

「それは、われわれを愛しておられるからなのだよ。あの方の腕の中には、罪びとも義人もないのだから」

15話　憐れみは律法にまさる——会堂の病人

イエスは彼らに言われた。「あなたがたに尋ねますが、安息日に律法にかなっているのは、善を行うことですか、それとも悪を行うことですか。いのちを救うことですか、それとも滅ぼすことですか。」（ルカ６・９）

律法を学んだり、祈りをささげたりするユダヤ人会堂の入口近くに、いつも片手が麻痺した男が座っていた。彼はその場所に宗教的権威者である祭司や律法学者が出入りするのを知っていて、必らず哀れっぽい声で自分の病気を癒やしてもらえるよう祈ってほしい、と哀願するのだった。しかし、祭司や律法学者たちは、ちらりと男を見ただけで、言葉もかけずに中に入って行くのだった。

ある日、イエスが弟子たちと共にその会堂にやって来た。男はすかさず、特別に哀れっぽい声で叫んだ。

「片手が麻痺して動かせない哀れな男でございます。どうか癒やしていただけるよう、神様にお祈りしてください」

それを見ながら、祭司や律法学者たちは互いにささやき合った。

「このイエスという偽預言者を試すいい機会ではないか。彼が安息日に掟を破って癒やしのわざを行えば、彼を罪人として断罪できるだろう」

するとイエスはそんなささやき声をまったく気にかけずに、病人に言った。

「起きて、真ん中に立ちなさい」病人は震える足を踏みしめて立ち上がると、イエスに向かい合った。

「彼は、どうするつもりだろうか」

「さすがに、安息日の掟を破るようなことはすまい」またしても祭司や律法学者たちは、ささやき合った。

すると、イエスは彼らの方を向き、心の中まで刺し通すような眼差しで見つめてから、思いがけない質問をした。

「あなたがたに聞きます。安息日に善を行うのと、悪を行うのとどっちがいいと思いますか」

彼らは互いに顔を見合わせた。それから、首をかしげながら答えた。

「それは――善を行うほうがいいに決まっているではありませんか」

イエスは続けた。

「それでは、安息日に命を救うのと殺すのとどっちがいいと思いますか」

彼らは、また顔を見合わせた。一人が肩をすくめて答えた。

「そりゃ命を救うほうがいいでしょう。そんなことわかり切ったことです」

このやり取りを聞いているうちに、右手が麻痺した男の脳裏に稲妻のような火がスパークした。突然、記憶のベールが引き上げられ、男の目の前にある場面が映し出された。

男は、その時、九歳の少年だった。父親は羊飼いで、少年も父親と一緒に羊たちを野原につれていって草を食べさせたり、囲いの中に戻すのを手伝ったりしていた。それはある安息日（日曜日）のことであった。少年は、特に可愛がっている小さな羊に水を飲ませようと、井戸の所に行った。その羊は、耳と首筋にわずかに黒い毛が交っているのが可愛らしく、「ブチ」と呼んで特に可愛がっていた。

井戸に着くと、少年は水を汲み上げ、羊に言った。「さあ、たっぷりお飲み」しかし、その時、羊は何かを恐れるかのように尻ごみした。

「どうしたんだ。さあ、お飲みったら」そう言って、少し強く羊の背を突いた。その瞬間、羊は暴れ出し、井戸の縁を飛び越えようとしたままズルズルと滑って、中に落ちてしまったのだ。水はそれほど溜まっていず、その井戸は深いものではなかった。だが、底のほうから悲しそうに鳴く声が聞こえてきた。

「どうしよう」少年はべそをかきながら、井戸を覗き込んだ。しかし、羊を引き上げる方法も思いつかなかったし、自分にその体力もないことが分かった。

そこへ、偉そうに胸を張った二人の男がやってきた。パリサイ派の人たちだった。

「お願いです、先生がた！」少年はすがりつくように言った。

「羊が井戸に落ちちゃったんです。どんなに自分の手を伸ばしても、届かないんです。どうか引き上げるのを手伝ってください」

「きみはもっと掟《おきて》（律法）の勉強をしなさい。こんな初歩的な戒律も分からないのかね」と、一人が尖った指を伸ばし、彼の胸をさして言った。

「安息日は神を礼拝する日。それ以外の労働を何一つしてはならぬ」と言うと、彼らは行ってしまった。

それからしばらくして、今度はサドカイ派の人たちが、やはり二人つれだってやってきた。

「偉い先生方！　助けてください。羊が井戸に落ちちゃったんです。ブチの模様の可愛い子なんです。まだ小さいんです」少年は泣きながら叫んだ。

「水はそれほどありませんけど、あの子は井戸から上がれないんです」

「鎮まれ！」一人が厳しい顔をして少年を叱りつけた。「安息日には何の労働もしてはならぬと掟に記されている。もっと掟を学びなさい」と言うと、この人たちも行ってしまった。

少年は気が狂ったように家に駆け戻ると両親にわけを話した。しかし、両親も、家族もどうすることもできなかった。

「掟を破ったと見られると、わたしらはここに居られなくなるかも知れないからね」と母親は涙をこぼしながら言った。少年は、再び井戸に走って行った。もうだいぶ弱ってきたのか、羊の声はかすかに底のほうから聞こえてくるだけで、やがてそれも絶えた。

「ばかやろう！」と少年は右手の握りこぶしを井戸の縁に打ちつけた。「どうして、助けられなかったんだ！　どうして……どうして……」

不思議なことに、それっきり彼の右手は痺《しび》れ、麻痺してしまったのである。彼はいつもその手を、心の傷と一緒に衣服の袖の間に隠すようにしていた。そして、その日以来、十数年の歳月が流れた。

イエスは、若者のなえた手に、人のうかがい知れぬ秘密と苦悩があることをすでに見抜いていた。彼は深い憐れみをこめてこの病人を見ていたが、やがて静かな声がその口から発せられた。

「手を伸ばしなさい」男は、袖の中に隠した右手を出し、もう長いことそうした動作をしたことがなかったために、岩のように固くなって曲がった手をイエスの方に差し伸べた。すると、その瞬間筋肉がほぐれ、痺《しび》れたまま脇にぴったりと引っ付いていた手が自由に動かせるようになった。

「ああ！　右手が――右手が動かせる！」と、男は叫んだ。そして、飛び上がると、礼を言うのも忘れて会堂から走り出た。

そこに集った人々は、この奇跡をまのあたりに見てガヤガヤと騒ぎ始めた。イエスを陥れようとした祭司と律法学者はひと言も言葉を発することなく、その場に立ちつくしていた。彼らは今、最も大切だと思っていた律法よりも、もっと大切な尊いものがあること、そしてその憐れみこそ、神が人間に与えた最高の宝ものであることを知ったのだった。

(あの人は偽預言者ではない。群衆のある者が言うように神からつかわされた人かもしれない)一人は、心のうちでつぶやいた。

＊　＊　＊　＊　＊　＊

右手の麻痺を治してもらった男は、飛び跳ねたり、スキップしたりしながら家路を辿った。そして、その途中にある古井戸の所を通りかかった時、長い間自責の念からそうしたことがなかったのに、思わず身を屈めて中を覗き込んだ。

——と、誰かがポンとその肩を叩いた。それは、以前このあたりにやって来ていた魚や野菜を売り歩く行商人だった。濃い髭をたくわえた陽気な男で、皆から親しみをこめて「髭のヨアブ」と呼ばれていた。

「やあ、久しぶりだな。近頃はあまりこのあたりに来ることはないが、あんたもすっかり大人になっちまったから分からなかった」

ヨアブはにっこり笑って、つれていた老いた羊の頭に手を置いた。それを見た途端、右手の麻痺が治ったばかりの男は飛び上がった。

「あんた、その羊どうしたんです」

「ああ、これかえ、育てるうちに体ががっしりしてロバみたいになったもんでね。行商に行く時に一緒につれて歩いているのさ。つまり、こいつは自分のたった一人の家族ってわけさ」それから、行商人は驚くべき話をしたのだ。

「あれは十五年以上も前のことだったなあ。ここに初めて行商に来た時のことだった。この井戸の横を通りかかると、井戸の底から何か声がする。屈んで覗いてみると、小さな羊が落ちたらしく哀れっぽい声で鳴いていたのさ。

ちょうどこの日は安息日でな、偉い学者先生や祭司様に見つかったら大目玉くらうから、あたりを見回し、人がいないのを見図らってこのいちじくの木にロープを引っかけて井戸の底に下りた。そうしてこいつを抱き上げて無事に助け出したってわけさ」

男は目を見開いて、ヨアブのつれている羊を見た。もう年寄りになっていたが、忘れもしない耳と首筋に黒い斑点がある。「ブチ！」そう呼んで抱きしめると、羊はしゃがれ声で「メエ！」と鳴いた。男は、この親切な行商人にすべてを話した。

「へえー、そうだったのか。妙な運命だな」髭のヨアブは、ぽつんとつぶやき、そして言った。「あんたに、返そうか」

男は首を振った。「あなたに助けられたんだから、どうか最後まで可愛がって飼ってやってくださいよ。頼みます」そう言って、深々と頭を下げた。

行商人は、また羊の頭をなでると、つないだ紐を引きながら歩み去った。男は、見送りながら、大きく右手を振った。その手は、すっかり元通りになっていた。そしてこの時、彼は強く確信したのである。

右手の麻痺を治してくださったイエスという方は、ただ身体の疾患を癒やされただけでなく、自分の暗く悲しみに満ちた過去をも修正してくださったのだ——ということを。

16話　イエスの全人療法　――てんかんの子ども

イエスは答えられた。「ああ、不信仰な曲がった時代だ。……その子をわたしのところに連れて来なさい。」そして、イエスがその子をお叱りになると悪霊は出て行き、すぐにその子は癒された。（マタイ17・17〜18）

女は、最後の望みをかけて、子どもを有名は医者の所につれて行った。

「どれ、見せてごらん」医師はチラリと子どもを見たきり、何か書きものを続けながら言った。女は背負ってきた子どもを注意深く下ろすと、傍らの診察台の上に寝かせた。その子どもは、全身に大やけどを負っており、焼け焦げて裂けた皮膚の中から肉がのぞいていた。また、顔は傷だらけで、両眼は焼き潰《つぶ》されている。そして、恐ろしい苦痛に喘ぐ喉もとからは、「ヒィー、ヒィー」という声が洩れていた。

「こりゃ、ひどいな」医者は顔をしかめながら、子どもの体を調べて言った。

「ま、一応薬は塗っておくが、このたぐいの病気は厄介なものでな。この子は、つまり悪霊にとり憑《つ》かれておる。わたしにできることは、これくらいしかない」

そして、その医者は高い治療費を母親から取り立てた。貧しい女は、皮袋を逆さにしてかき集めてきた金をザラザラと出すと、それを医者に払った。

「あの……それから先生。痛み止めのその塗り薬、もう少し余分にいただけないでしょうか」と、母親は必死で言った。

「この子、夜中に痛がってしきりに泣くんです」

「あんた、あつかましいね」医者は怒って言った。「今塗ってあげた薬はとても高価なものなんだよ。それでも安くしてあげたんだ。この上薬を余計に分けろだと。どこか別の医者を見つけてくれ」

そして、医者は母と子を共に追い出した。母親は、子どもの手を引いて、とぼとぼと歩き始めた。そのうち、集落の一角で、そのあたりの女たちが焚《た》き火をしているのが見えた。すると、子どもは突然大声を上げて駆け出すと、火の中に倒れた。それから、もだえ苦しんで今度は、用水おけの中に飛び込んだ。

「恐ろしい病気だ」集まってきた人々は、口々にささやき合った。

「この呪われた病気にかかった子どもを、もう一人見たことがあるよ」と、別の人が言った。「その子はな、自分から井戸の中に飛び込んで溺れちまったよ」

母親は、ずぶ濡れの子どもを抱きしめると、わっと泣き出した。そんな時、「偉い預言者と言われているナザレのイエスという人が、もうすぐこの通りを通られる」という、うわさが流れてきた。

「もしかしたら……」母親の心に閃くものがあった。母親は、子どもを抱きかかえると、往来に出て行った。やがて、大勢の人に混じって、そのうわさの預言者がこちらにやって来るのが見えた。母は、見えも外聞もかなぐり捨てて、子どもを抱いて突進した。

「先生。この子はてんかんに罹《かか》っていまして、何度も何度も火の中や水の中に倒れるんです。この体をごらんください。ひどいでしょう。もうボロボロです。人間の体じゃないです。ずいぶん……ずいぶん色々なお医者様の所に行ったんですけど」母は情けなくなって、わっと泣き出した。「だめでした。どんなお医者様も、治してはくださらないんです」母の目からは、後から後から涙が溢れ出してきて止まらなくなった。

イエスはその時、深く溜息をつくと言った。「ああ、なんと不信仰で邪悪な時代だろう。いつまで、あなたがたに我慢ができようか」そして、イエスは両手を差し伸べると、子どもを自分の腕に抱き取った。

子どもは、イエスの腕の中で目を開けた。その瞬間、今までまっ暗だった記憶の中に灯がともり、おぼろげながらに思い出した。目の前に燃えさかる火が見えた。その火の後ろには自分の両親がいて、何やら言い争いをしている。そのうち、恐ろしいことが起きた。両親は、子どもの手を両側から引っ張り始めたのである。

「おまえ、父さんと一緒に行くか。それとも母さんの所に残るか」右手を引っ張っていた父が言った。彼は涙を呑み込み、ありったけの声を振り絞って言った。

「嫌だ！　みんな一緒にいたいんだ」

「そうはいかないのさ」やがて、父は彼の手を放し、荷物を背負って、靴の紐を結んだ。

「それじゃあ、ぼく、父さんと一緒に行く！」子どもは泣きながら父親に飛びついていった。

「駄目よ！」その時、鬼のような形相になった母が、飛びかかると、彼の左手をつかんで引っ張った。「こんな人と一緒に行ったら、あんたは飢え死にさせられるんだよ。さあ、帰ろう」

そして、父親の腕から彼をもぎ離した。そのまま、両親は互いにののしり合い、つかみ合いのけんかを始めた。その時、子どもの心はまっぷたつに引き裂かれた。

「じゃあ仕方がない。さようならだよ」父親は荷物を担ぐと、寂しそうな顔をしてくるりと向こうを向き、そのまま去って行った。子どもは心がズタズタになったまま、立ちつくしていた。

「あんな人と一緒に行くんじゃないよ」母親は、彼を抱きしめて言った。「怠け者で、ぐうたらで、人間のくずみたいな人だからね」

口から泡を飛ばしてまくしたてる母親を、突きのけるようにして、彼は駆け出した。少し先で、人々が集まって枯れ草を焼いており、その炎が高く上がっていた。子どもは大声を上げながら近づいて行くと、いきなりその火の中に倒れ込んだ。皆は慌ててその小さな体を引き上げたが、彼は全身にやけどを負っていた。

母親は、彼を背負って医者につれて行った。その医者は、高い治療費をとった上、皮膚に塗るとよく効くと言い、怪しげな塗り薬を出してくれたが、子どもはその後、何度も火の中や水の中に倒れ込み、病気は少しも良くならなかったのである。

母親は、事の次第をすべてイエスに話すと、その前に泣き崩れた。

その時。イエスは片手で子どもの焼けただれた顔から首筋をなで、けいれんするその両手を自分の手で包み込んだ。子どもはその瞬間、切り裂くような全身の痛みが消え、その体に変化が起きたことを知った。また、何とも言えないほど体が温かくなってきて、全身から安らぎと癒やしに包まれるのを感じた。

何だかズタズタに千切れた思考と感情と体験がひとつにつながったような気がした。子どもは、自分を抱いてくれている人を見上げ、にっこりと微笑した。それから、のびのびと手足を伸ばすと、その人の膝から滑り降り、母親と堅く抱き合った。

母親が子どもの顔や首筋、そして両手をなでると、それはスベスベした健康そうな肌に変わっていた。そして、焼き潰されたはずの両眼を見ると、父親ゆずりの黒水晶のような眼差しが、じっと自分に注がれていた。

「ありがとうございます。あなたは神様の所から来たお方です」と言うと、母親はその場にひれ伏してイエスを拝した。しかし、イエスはその時はもう弟子たちと共に山の方に向かって歩いていた。

＊　＊　＊　＊　＊　＊

母と子は、喜び勇んで手をつなぎ合って歩いていた。不思議な癒やしに包まれて、すべてが変わっていた。そうだ――と母親はその時はじめて悟った。これはわが子の癒やしだけではなく、自分自身の癒やしでもあったのだ。この不幸な家庭崩壊の本当の原因は、自分にあった。

夫の中にある本当に良いものを見ずに、夫に生活力のないことや優柔不断で意志の弱い点ばかりをがみがみと言って、夫婦はけんかばかりしていたのだ。

かわいそうに、この子はどんな思いでそれを聞いていたことだろう。謝らなければならないのは、自分の方だったのだ。それをイエスは自分に教えてくださったのだ。

「ああ、何と不信仰で邪悪な時代であろう」と言われたイエスの、あの言葉で、自分はすべてを悟った。そして同時にこの子の傷も癒やされたのだ。あのイエスは、実にすべての者に対して全人的な治療をしてくださる方なのだ。

夕焼け雲も、近くの岩山も、木も草も、何もかもが美しく輝いていた。母と子は、いつのまにか歌を口ずさんでいた。家が見える辻まで来た時、子どもが叫んだ。

「あっ！　お父さんだ！　お父さんが帰ってきた」家の戸口の陰に隠れるようにして、男が立っていた。

「長い間おまえたちに苦労をかけて、すまなかった。隣りの町でやっと良い仕事が見つかったんだ。だから、迎えに来たんだよ。一緒に隣りの町へ行って、家族仲良く暮らそうじゃないか」そして、彼は涙にくれている妻を抱きしめた。二人は男の子を真ん中にして、堅く、堅く抱き合った。

この時以来、この子どもはすくすくと成長し、二度と再びてんかんの発作に襲われることはなかった。

17話　慈悲深い裁判官――姦淫の女

しかし、彼らが問い続けるので、イエスは身を起して言われた。「あなたがたの中で罪のない者が、まずこの人に石を投げなさい。」（ヨハネ8・7）

彼女は、ごく当たり前の主婦だった。夫は「オリーブ絞り」の職人で真面目な人だったが、無口で、自分の心のうちを人に話すのが苦手であった。それは妻に対しても、同様だった。彼女は、夫が一度も「おまえを愛しているよ」と言ってくれるのを聞いたことがなかった。また夫婦の交わりにしても、まるで砂を噛むように味けなく、形式的なものにすぎないように思われた。

夫は一日中黙々と働き、家に帰ると妻の作ってくれた料理を食べ、その後、妻を抱いて「一日家を守ってくれてありがとう」と言うだけだった。それから、夫婦で「祈り」をして、床に就くのだった。そのうち、彼女の夫への不満は強くなり、やがて激しい飢え乾きが心の中から突き上げてくるのだった。

そんなある時、突然誘惑がやってきた。女が夫に言いつかったものを買いに市場に行くと、そこで一人の行商人と知り合った。

「あんた、どこの娘さん。きれいな顔をしているね」

「わたし、結婚しています」

「そうか。でも、あんた、何だか欲求不満な顔をしてるよ」そう言うと、男は少し首をかしげて、じっと彼女を見つめた。女はわけもなく体が震えるのを抑え切れなかった。

「あんたは実に美しい。家に押し込めておくのは、もったいないなあ」そして、男はいきなり彼女の手首をきつくつかんで「わたしの家に寄って行かないか。すぐ近くだ。ちょっとだけ遊んでいけばいい」

女は自分でも信じられなかったが、断る代わりに首を縦に振って、承だくしてしまったのである。

(一度だけならいいわ。こんなことをしても主人には分かりっこないもの)そうつぶやくと、女は行商の男について行った。そして、彼の家に入ると、二人は互いの肉体を求め合ったのだった。

愛欲は、まるで毒薬のように彼女の体をむしばんだ。姦淫ということに対し、罪悪感は全く湧いてこなくて、彼女はさらに強い刺激を求めて男のもとに忍んでいった。二人はまるで獣のように互いの体をむさぼり合った。世界は彼らの周りで消滅し、あるのはただ凄まじい情欲だけであった。

しかしながら、この悪徳が明かるみに出る日がやってきた。男の家から聞こえる獣のような呻き声を聞いた通行人が足を止め、こっそり入口の隙間から中を覗き込んだのである。

「ちょっとごらんよ」彼は近所の人たちをつれてきて、皆で中を覗いた。

「あれは『オリーブ絞り』の職人の奥さんじゃないか」と一人が驚いて言った。

「何てこった。彼女は姦淫を行っているぞ」人々はガヤガヤと騒ぎ出した。それから、村落の長老を担ぎ出してきた。そして、彼を先頭に、どっと家に押し入った。

「姦淫は死刑だ！」彼らはそう叫び、女に躍りかかると引きずり出した。行商の男はいつのまにか逃げてしまった。

「この女を、広場で石打ちの刑にしなくてはならない」長老は、そう宣言した。

その時、一人の男が「ナザレのイエスという預言者が、弟子をつれてオリブ山を登り、この山間の村に来ている」と告げた。

「それはちょうどいい。その人に裁判官になってもらおうじゃないか。そうして判決を出してもらってから、石打ち刑を行えばいい」

長老の言葉に、彼らはどやどやと女を広場に連行した。そこには、うわさのイエスという男が一人でいた。彼はしゃがんで地面に指で文字を書いている。群衆はその人物の前に姦淫の女を引きずっていった。女は、ほとんど半裸に近い姿で、恐ろしさと恥ずかしさのために失心しそうになっていた。

「先生、この女が姦淫の罪を犯したところを、現行犯逮捕いたしました」長老は、口から泡を飛ばしてイエスに言った。

「モーセの掟では『姦淫を犯した者は石で打ち殺されるべし』とありますが、あなたの手に決断を委ねます。どうかお裁きをお願いいたします」

するとイエスは身を起こし、群がる人々を見渡して言った。

「あなたがたの中で、罪のない者が最初にこの女に石を投げなさい」そう言うと、再び身を屈めて、文字を書き続けた。

一人の男が、とっさに石をつかんだ。（やめろ！）仲間が、その腕を押さえつけて、ささやいた。

「この人は、われわれのことを全部知ってるぞ。われわれのうちで、一度もやましいことをしたことがない人間なんて、いないじゃないか」すると男は恥じて手を下ろした。その手からポトリと石が落ちた。

その時、長老が顔を伏せたままこの場から立ち去った。すると、次々と人々はそのあとに続き、ついに広場からは誰もいなくなってしまった。その場にはイエスと、その女の二人だけが残された。

その時、はじめてイエスは正面から女を見つめて言った。

「あなたを訴える者は、いないのですか」

女は、泣きながら答えた。「はい、主よ。誰もございません」その時、女は心の中で悟った。自分の前にいるのは神から遣された人。そして、この人だけがただ一人、自分を裁く権利をもつ人であることを。しかし、イエスの口からは驚くべき言葉が出た。

「わたしも、あなたを罰しません。安心してお帰りなさい。もう罪を犯さないように」

女は、来た時と全く別の思いで家路を辿った。家が目の前に見えてきた時、そこに旅仕度をした「オリーブ絞り」の職人の夫が、ロバを引き出すのが見えた。女は、息が続く限り駆け、夫の腕の中に飛び込んだ。

「おまえがいなくなったものだから、隣りの町に捜しに出るところだったよ」と夫は言った。そして、泣いている妻と、その乱れた衣服を見て、すべてを悟ったのだった。

「わたし、もうあなたの妻と呼ばれる資格はありません。ここを立ち去りますから、さようならだけ言わせて」そう言って彼女が去ろうとした時、夫は、しっかりと彼女を抱きかかえてロバに乗せた。

「おまえは、わたしが愛する妻だ。わたしがずっとおまえを守るから、安心おし」そして夫は、失われた妻を再びその手に返してくださったことを神に感謝してから、別の町で新しい人生をやり直すために、妻と共に旅立ったのだった。

＊　＊　＊　＊　＊　＊

その晩、あの広場で、自分だけが罪がないと勘違いをして石を投げようとした男は、こんな夢を見てうなされていた。

終わりの日が来て、すべての人間が神の前に出、審判を受けようとしていた。王座には、審判をくだすべき裁判官が座していたが、それを見ると、あの姦淫の女を裁いたイエスという人だった。男は、その姿のまばゆさに目を開けていることができなかった。

　しかし、その光は王座から溢れ、流れ出して、前にひれ伏しているすべての者をまるで包み込むように覆い隠していた。ふと気がつくと、周囲にいる者は、口々に自分が犯した誤ちやら、罪やらを告白している様子だったが、その声は周囲の者には聞こえなかった。ただ、王座に就いている裁判官にのみ届いている様子だった。

　突然、男の胸に鋭い痛みが走った。彼は自分が恥ずかしくて、いたたまれなくなったのだ。自分こそ罪がないと勘違いして、石を握りしめたあの時のように。今日はあの日より、もっと辛い気持ちにさいなまれていた。

(なぜ気がつかなかったのだろう)彼は、自分の胸を叩いた。(この自分こそ、この世で最も罪深い者じゃないか。この場に召される資格もないほど、世の中で一番の悪者だ)

　そうだ、自分と同じようにここに集まっている者たちは、同じく罪びとで、それだからこそつながっていて、みんな兄弟なのだ。

「さあ、もっと前にいらっしゃい、わたしのすぐ近くに」その時、王座から優しい声がかかった。

「わたしはあなたがたを迎えますよ。一人残らず迎えますよ。なぜなら、あなたがたは罪にまみれ、そうして救いを求め、苦しんできたからです」

そして、はじめて男は悟ったのだった。罪が最も増し加わるところに、この恵みの光が──恩寵が、強く現れるのだということを。

18話　檻から解放されて——若きパリサイ人

あなたがたのうちで一番偉い者は皆に使える者になりなさい。だれでも、自分を高くする者は低くされ、自分を低くする者は高くされます。（マタイ23・11〜12）

「おまえは近頃、どうしたのだ」養父のエリアブは、いぶかしげに若者を見、叱りつけるように言った。

「モーセの律法を唱える時も、祈りをささげる時も、何か心ここにあらずといった様子だが、一体なぜなのだ」

「自分でも、よく分からないんです」と若者は言った。

「律法を学べば学ぶほど、そして長い祈りをささげようとすればするほど、何だか胸を圧迫されるような気がして息苦しくなるんです。なぜだか分かりません」

「修行ができてないからだ」と言うとエリアブは、憐れむように彼を眺めた。

「律法は人間を自由にするはず。人間が少しでも正しい生活をすることができるように、神はモーセを通して律法を授けてくださったのだ」

若者は、膝を抱えてぼんやりと遠くを眺めた。彼はシモンという名で、エリアブの養子だった。実の両親は、早くに他界している。エリアブはパリサイ派の指導者の一人で、仲間の信頼が厚く、その正しい生活態度は皆の模範とされていた。彼は誰よりも多くの犠牲をささげた。(罪のゆるしを得るために、神殿で小動物や小鳥などを殺してささげるのが、当時の習慣だった)穀物の十分の一をきちんと奉納し、誰よりも長く祈り、律法を一つもたがえることなく守っていたからである。

「よいか。一にも二にも修行だ」厳しい顔でそういいましめてから、エリアブはその場を離れた。

シモンの心臓発作がひどくなったのは、あの時からだった。その日、彼は養父につれられてエルサレム神殿に行き、「義人の庭」と呼ばれる場所に入った。その石段の所でたくさんの人が祈っていた。

その時ふと見ると、みすぼらしい姿をした一人の男が、一番下の石段にかじりつくようにして祈っていた。それは、ユダヤ人の共同体から爪はじきされている取税人だった。彼は胸を打ち、全身から絞り出すような声で祈った。

「神様！　罪びとのわたしをおゆるしください」

その時、エリアブは眉をひそめ、吐き捨てるようにこう言ったのである。

「おまえさんは、どんな犠牲をささげたのかね。どれだけ長く祈ったのかね。律法をどれだけ守っているのかね。ただそうして祈るだけで、祝福に与ろうなどあつかましいにもほどがある。恥を知るがいい。神様はおまえさんの祈りなんかに、耳を傾けてくださるものか」

それから、養父はシモンをつれて石段の一番上に登った。「この上は至聖所といって祭司をはじめとする聖職者しか入れないのだよ。だから、われわれはここで祈ろう」それから、彼はいきなり両手を上に差し上げて大声で祈ったのである。

「神様！　わたしはあの取税人のような人間でないことを感謝いたします！　どうか、われらの一族を祝福してください」シモンは養父に促されて、その祈りを口にしたが、心の空洞は広がるばかりだった。

この時から、彼の身体に奇妙な症状が表れた。祈るたびに胸が圧迫され、息苦しくなるのだった。その症状はだんだんひどくなり、やがて喘ぎながらでないと祈ることも、律法を暗唱することもできなくなったのである。

実を言うと、エリアブは以前からシモンが心臓の疾患をもっていることに気づいてはいた。そしてそれが、不治の病《やまい》であることも。それゆえ、シモンに対しては特別に厳しい態度で臨むことにしていたのである。しかし、シモンは、矛盾によって引き裂かれた心の裂け目が、肉体的な病気を引き起こしていることに全く気づいておらず、病気が治らないのは自分の修行が足りないためと思っていた。


その年も、ユダヤ人にとって大切な「過越《すぎこし》の祭り」がやってきた。エルサレム神殿の庭には両替屋が店をつらね、羊や鳩を売る商人が客を呼び、パンや菓子を売る者の甲高い声が響いている。

「今日はおまえにとって良い日となるだろう」エリアブはこう言って、シモンをつれ出した。「偉い預言者がエルサレムに来られるそうだ。イエスという名のナザレ人だ。多くの人が彼こそ以前から待ち望んでいるメシア（救世主）ではないか、と言っている」養父の言葉に、シモンはいつになく胸が高鳴るのを覚えた。

その人は、どんな人だろう。そう言えばいつか、養父の仲間のパリサイ派の一人が口にしたことがあった。すべての人を救う救世主。神の子。――ああ、もしかしたら、その人は自分をこの息苦しい檻から出してくれるかもしれない。

神殿に着くと、養父と日頃議論したり、共に祈ったりしているパリサイ派のグループや、祭司、律法学者までが顔をそろえていた。彼らはエリアブを見ると、親しげにあいさつをした。

「その問題の預言者というのは、来ているんですかな」エリアブが仲間に尋ねると、最も親しくしているヨアヒムという同じパリサイ派の仲間が答えた。

「もうすぐに、ここに来るという話ですがね。……人のうわさでは、その人は預言者らしい風情が全くなく、とても変わった人らしいんです」

そのうちに、わいわい騒ぎ立てる群衆に囲まれて、その問題の人が姿を現わした。

「みなさん、ご静粛に！」エリアブとヨアヒムがパリサイ人を代表して人々を静め、イエスという預言者を迎えた。シモンは、その人に対する興味を抑え切れず、人垣を押し分けるようにして前に泳ぎ出た。確かにヨアヒムが言ったように、彼は預言者と呼ばれるような威厳も、いかめしさもない、ごく普通のユダヤ人であった。

(何だ、この人が皆に騒がれている預言者なのか)シモンは半ば失望したようにつぶやいた。——と、その瞬間、彼は全身が痺れるような衝撃を受けた。かなりの距離があるのに、イエスの眼差しが彼に注がれ、二人の視線が人垣を越えて結ばれたからであった。そしてシモンは、それ以上前に進むことができなかった。

やがて、イエスは口を開いて語り始めたが、シモンはまた驚きに打たれた。この人はおびただしい群衆を前にして語っているのに、それはシモン一人のために——全く彼だけのために語っているように響いたからであった。

「……だれでも偉くなろうと思ったら、仕える人でなければなりません。自分を高くする者は低くされ、自分低くする者は高くされるでしょう」

シモンはこの時、いつか自分と養父エリアブが神殿の石段の最上階で祝福を求めて祈った時、なぜその祈りが聞き届けられなかったのか、その理由を理解した。それから突然、イエスの口調が変わり、まるで雷のように激しい言葉が一同を打った。

「偽善なる律法学者、パリサイ人たちよ。あなたがたは、わざわいです。あなたがたは、天国を閉ざして人々を入らせないではありませんか。……あなたがたは、やもめたちの家を食い倒し、見栄のために長い祈りをします。……偽善なる律法学者、パリサイ人たちよ。あなたがたはわざわいです。はっか、いのんど、クミンなど高価な薬味の十分の一を宮に納めていながら、律法の中でも最も重要な公平と憐れみと真実を見逃しているのです……」

イエスが語り終えた途端に、怒り狂った律法学者やパリサイ人たちが、そのもとにつめ寄った。

「何というひどい言葉だ！　この偽《にせ》預言者め！」

「これは神を汚す言葉だ！　口をつつしめ！」そして、彼らはイエスにつかみかかって捕まえようとしたが、この預言者はするりとその手を逃がれ、弟子とみられる者たちと共に去って行った。

シモンの耳には、律法学者やパリサイ派の者たちの怒号が聞こえていたが、彼はぼんやりとその場に立ちつくしていた。今彼は、自分を苦しめているものの正体を、はっきりと理解できたのである。律法は、人間に自由を与えてくれるものでもなければ、豊かな人生を約束してくれるものでもなかった。それは、人間を束縛し、偽善という縄でがんじがらめにするものであった。

モーセの律法は人間にとって大切なものであるが、人がそれを権威として身につけた途端に、他人を差別し、保身や立身出世の欲望を芽生えさせ、結果として本人を暗く息苦しい檻の中に閉じ込めてしまうのだ。この檻を出るには、どうすればいいのか。それは――そうだ、全く別の律法に生きなくてはならない。だが、その新しい律法はどこにあるのだろう。

エリアブをはじめとする、パリサイ派の人々の怒りは凄まじかった。彼らはパリサイ人の誇りを打ち砕かれ、面目を丸潰しにされた思いだった。しかも、自分たちが指導してきた大勢の市民の前で赤恥をさらしたのだ。このままで済ませるわけにはいかない。

彼らは、律法学者を抱き込み、何とかしてイエスを断罪してやろうと相談を始めた。彼を打ち倒すのには、法の力を借りなくてはならない。つまり、宗教罪で告発するしかなかった。

「おまえ、明日になったら、これをもって祭司長の屋敷に行ってもらいたい」その週の木曜日。エリアブは律法学者やパリサイ派の仲間たちと相談して、したためた「告発状」をシモンの手に渡した。「あのふとどき者の偽預言者を、どうしても法の手で裁いてもらわなくてはならないからな」シモンは、その書状を養父から預かったものの、行く気はなかった。

それよりも、彼は自分たちのパリサイ人の偽善を糾弾した、あのイエスに激しい興味を覚えた。あの時、実際には自分も養父たちと同じようにパリサイ人の誇りを傷つけられ、怒りを覚えたものの、それが逆に自分の気持ちを楽にしてくれたのだ。

そしてあの不思議な瞬間――自分とイエスの視線が出会って結ばれたあの時のことを思い出すたびに、なぜか心の奥底から喜びのようなものがこみ上げてくるのだった。もしかしたら――と、彼は考えた。

イエスはこの自分が、律法でがんじがらめにされて苦しんでいることを知っていたのではないだろうか。あの人なら、きっと新しい生き方を教えてくれるに違いない。つまり、自分を縛りつけて奴隷にする律法ではなく、真に自由を得、豊かな日々を過ごすことができるような新しい方法を授けてくれるに違いない。あの人を探そう。そして会うんだ。

その翌日、金曜の九時。シモンは養父の命令に服するふりをして、「告発状」をふところに、家を出た。そして、あの人が、昨夜テュロポイオンの谷の近くの宿屋に宿泊したことをあらかじめ聞いていたので、その方角に向かって歩き始めた。と、その時である。

四方から、津波のような人々が押し寄せてきた。彼らはユダヤ人ばかりでなく、「過越の祭り」を見物に来た他国人たちも混じっていた。そして、あの日のように、シモンは人の渦に呑み込まれ、流されてしまった。辛うじて身をもがき、神殿の石段に泳ぎついた彼は、そこにいた人に尋ねた。

「みんな、どこへ行くんですか」

「これからゴルゴダの刑場に処刑を見に行くんだよ。知ってるだろう。自分をユダヤ人の王と言っていたあのペテン師が十字架にかけられるのさ」

「ペテン師だって。一体誰のことですか」

「ナザレのイエスという男さ。さあ、一緒に行こうじゃないか」

その時、シモンは目の前がまっ暗になる思いだった。すべての望みが、消え去ったからであった。律法は自分を救ってくれない。自分に自由を与えてくれない。それがようやく分かったというのに。それを教えてくれて、新しい人生を与えてくれるかもしれないあの人が民衆の手で殺されようとしているのだ。もう助からないだろう。自分は再び見捨てられてしまうのだ。

その瞬間、彼は胸に焼けつくような痛みを覚え、その場にしゃがみ込んだ。すぐ横を駆けていくクレネ（エチオピア）人のサンダルがその体に当たり、彼はどうんと前のめりになった。「息ができない」心臓発作が再発したのだ。今回の苦痛は、かつてないものだった。まるで、焼けた鋏《やっとこ》で心臓をつかまれ、むしり取られたようだった。

もう一度この発作に襲われたら、その時は死ぬ時だろう。彼は残る力を振り絞って立ち上がり、ゴルゴダの丘を目指して歩き出そうとしてよろけり、そのまま気を失って倒れた。

＊　＊　＊　＊　＊　＊

どのくらい時間がたったことだろう。目が覚めると、あたりは真っ暗になっており、まるで夜のようだった。どうやら天候が急変したようで、雷鳴と共に稲妻があたりをめぐり照らした。その瞬間、大地がグラグラと揺れ、あちこち地面が割れ始めた。地震が発生したのだ。すると、丘の周辺から恐慌を来たした人々の叫び声が聞こえ、多くの者が逃げまどう様子が見えた。

再び雷鳴がとどろき、多くの人が、ぱっくりと口をあけた大地の中に落ち込んでいった。シモンは、「羊の門」から外に逃げようとして殺到する人々に押し流されていたが、手さぐりで、辛うじて石段の一番下の石にかじりついた。もうその時には、彼の意識は徐々に薄れ、あたりがミルク色のもやの中にかすみ始めた。もうすぐに死ぬ――と、彼は直感でそう悟った。その目から涙が溢れ出してきた。

自分の一生は何とつまらない、意味もないものだったのだろうか。檻に閉じ込められたままで、もがき苦しみ、最後はこのように不治の病と抱き合わせで、死んでいくのだ。せめて、最後にたった一条の光でいいから、この閉ざされた心に差し込んでくれないだろうか。

（神様、お願いです。ただの一度だけ、生きていてよかったと思えるような、そのしるしを見せてください）彼は、薄れていく意識の暗闇の中で祈った。その瞬間、凄まじい雷鳴がとどろいたかと思うと、神殿の屋根から一条の煙が立ち登り、めらめらと赤い炎の上がるのが目に映った。その時、至聖所の扉が開き、大祭司が転がるように駆け下りてきた。

「聖所の幕が、上から下まで真っ二つに裂けましたぞ！　これで、如何《いか》なる者もはばかることなく神様の前に出られますのじゃ。これで――わたしたちと神様とを隔てていた罪が取り除かれ、すべての人は自由になったのですぞ！」こう叫んだ瞬間、大祭司は、まるで自らの身を投げかけるかのように石段を下まで転がり落ち、そのまま動かなくなった。

この時、シモンは自分が檻から解放され、のびのびと天空に向かって羽ばたこうとしていることに気がついた。今彼は、最後の時になって初めて新しい律法を授かったのだった。そう、罪を知らない方が、人間の罪を代わりに引き受けてくださり、自由を与えてくださった。この新しい律法のもとで、人は自らの意志で人生を選び、行動し、幸せを築いていくことができるのである。

シモンは、この素晴らしい幻が与えられたことを感謝し、その胸が生き生きと弾みはじめた。呼吸は楽になり、いくら新しい空気を吸っても、もう胸が痛くなることはなかった。喘ぎながら話していたのが、はるか昔のことだったように思われた。

シモンは、大空のかなたに向かって手を差しのべた。あの人（イエス）が待っている。・・・自分を罪の檻から解放し、新しい律法（恵みと信仰）を授けてくれたあの人が。そしてシモンは、のびのびと体を伸ばしたまま、永遠に苦痛も悲しみもない神の御国めざして羽ばたいた。

19話　十字架とパラダイス——ある強盗の話

イエスは彼に言われた。「まことに、あなたに言います。あなたは今日、わたしとともにパラダイスにいます。」（ルカ23・43）

「自分の人生は最後まで、いいことなんかちっともなかった——」と、死刑の宣告を受けたその男は思った。皮肉な運命にもてあそばれ、さんざん苦労した挙句に、最も苛酷な刑罰を受けて、発狂しそうな苦しみのうちに悶死するのだ。

磔刑（はりつけ）、それはフェニキアからもたらされた逃亡奴隷を罰するための刑罰で、人間を生きたまま十字の形をした木に釘づけにし、そのまま放置して死に至らしめる恐るべき刑罰で、厳格なローマの法律家をも震撼させるものであった。

こんなにひどい人生を引き当てたのも、元はといえば自分が生まれつき間抜けで頭が悪く、何をやってもうまくできない落ちこぼれだからだろう——と男は考えた。思えば、小さな頃からそうだった。記憶に残っているのは七歳の時のことだった。町で一緒に遊んでいた悪童仲間のうちの三人が、ある時血相を変えて彼の家に飛び込んできた。

「助けてくれよ。見つかっちゃったんだ」一人が手を合わせた。

「両替屋のおやじに追われているんだ。かくまってくれないか。頼む」と、もう一人の悪童仲間が彼の手にくすねてきたシケル銀貨を握らせると、台所の家具の間に這い込んだ。

間もなく、扉が乱暴にあけられ、両替屋の主人が入ってきた。そして、銀貨を握ってぼんやり立っていた彼を見るなり、飛びかかってその襟首をつかみ、外に引きずり出した。

「この盗っ人め！　盗んだ銀貨をよこせ」彼は持っていた銀貨を差し出した。そして盗んだのは自分ではない、と言った。その途端鉄拳が飛んできて、彼は地面に打ち倒された。

「盗っ人たけだけしいとは、おまえのことだ」それから、彼を引き起こすとまた殴った。

「違うってば。盗んだのはぼくじゃない」と、弁解すればするほど殴られた。その間に、悪童たちは勝手口から逃げてしまった。

そのうち、父親が行商から帰ってきて話を聞いた。両替屋の主人は大げさに被害を訴えると、この息子をこらしめてやってくれと言って帰って行った。父親は、すでに鼻血を出している彼を、棒で足腰が立たないほど殴ってから言った。

「おまえを七歳まで育てたのは強盗にするためじゃない。うちの名誉を汚すようなやつは、もう息子でも何でもないから出て行ってくれ」と言うと、彼をそのまま追い出してしまったのである。

彼は町をさまよい、空腹に耐えかねてもの乞いをするようになった。しかし、道行く人は彼に目を止めても知らん顔で通り過ぎていく。彼は弱った体を引きずるようにして、港町まで流れて行き、そこのある露地で動けなくなった。そこへ、顔に傷のある男がやって来て、彼を覗き込んで言った。

「おまえさん、どうやら運に見放されちまったようだな。ええ？　どうなんだ」

「お願いです、旦那さん」彼は、ありったけの力を振り絞って訴えた。

「何か食べ物をください。死にそうに腹がへってるんです」

男は、近くにある自分の小屋に彼をつれていって食物を与えた。それから、この少年を使ってひと儲けしてやろうと考えた。

「食べていくためには、何か手に職がなければならないぞ。いいか、これからおまえに芸を教えてやるからしっかり覚えろ。そうすりゃ、何とかパンにありつけるぞ」

この男は曲芸師で、特に蛇を使った芸で人を集め、かなりの金を稼いでいた。その翌日から、彼はさまざまな芸を教え込まれたが、持ちまえの不器用さが災いして、何一つ覚えることができなかった。

「このごくつぶし！　芸が覚えられなきゃ、おまえを見世物にしてやるぞ」腹を立てた曲芸師は、彼の足の筋を切り、裸にして全身を赤や青の塗料で塗り立ててから、小屋の前で見世物にして金を集めた。

「哀れなやつでございます。これでも人間でして、踊らせてご覧に入れます」それから笛で愉快な曲をかなでると、彼は鎖につながれたまま、おかしな格好でピョコン、ピョコンと踊るのであった。観客は面白がってはやし立て、箱の中にバラバラと硬貨を投げ入れるのだった。

こうして、彼は五年間、この曲芸師の「見世物」となり、彼の小屋で暮らした。しかし、ある日突然、こんな生活に終わりを告げる時がきた。見世物小屋に強盗が入り、彼らは曲芸師を殺してお金を奪い、小屋に火を放って逃げて行った。彼は暗い場所に鎖でつながれていたので、彼らの目に入らなかったのだろう。辛うじて命拾いしたのだった。

こんな彼を助けてくれたのは、この町に住む陶器職人だった。この人は、惨めな姿をしたこの十四、五歳の少年を引き取り、自分の養子として世話をすることにした。そこでまず、手に職をつけさせようと陶器作りの手ほどきをしたのだが、ここでも彼の生まれつきの不器用さが災して、いくら教えても、ものにならなかった。

「おまえは何をやってもだめだなあ」養父は溜息をついて、また言った。「こんなことじゃ、自分で自分を養うこともできないぞ」

しかし、こうは言っても、養父はどこまでも彼に目をかけ、何とか一人立ちできるように面倒をみてくれたのだった。やがて彼は二十歳になり、養父の作った陶器の壺やランプなどに値をつけたり、市場に売りに行ったりすることができるようになった。

ある日のこと、「これは貴重な材料を使ったのだから、高い値をつけて売ってきておくれ」と、養父は立派な飾りのついたランプを布でくるみ、ロバに括《くく》りつけて言った。

「わかりました。うまくやりますよ」そう言って、彼はロバを引いて市場に向かった。昔、曲芸師に足の筋を切られたので、相変わらず、ピョコン、ピョコンと跳ねるようにして歩くのだった。

その日は暑い日だったので、途中で彼はひどく疲れを覚え、少し休んでいこうと、傍らの木にロバを吊りつけた。「よう！」と、その時声をかけた者がいる。それは、養父の商売仇の商人で、暴力団に所属していたために養父が付き合いを避けていた男だった。

「こんな暑い日にごくろうさんだな。よかったらちょっと寄っていかないか」

彼は一瞬やめておこうかと思ったが、なにしろ喉が乾いてたまらなかったので、つい気を許して彼のあとについて行った。家に入ると、商売仲間たちが三人来ており、皆で料理をつまみながら酒を飲んでいた。彼らはこの若者を快く迎え、酒や料理を勧めるのだった。

少しだけならいいだろう――と、つい心の緩みから、彼は出された料理を食し、酒を飲むうちに、ひどく眠気に襲われた。睡眠薬が入っているんじゃないかと思った時は、あとのまつりで、彼はそこにどうと倒れ、何も分からなくなってしまったのだった。

気がつくと、もう夜になっていた。家の中には誰もいなかった。慌てて外に出てみると、つないであったロバも、それに括りつけてきた高価な商品もなくなっていた。「しまった！」彼はろうばいした。

その時になって、ようやく計られたことに気がついた。彼らは、あらかじめ悪知恵を出し合って養父が作った商品を奪い取ろうとしたのだ。飛ぶようにして家に戻った彼の目に映ったのは、めちゃくちゃに荒された店と、奪い取られた壺やランプなどの商品であった。そして、勝手口に目をやると、そこには朱に染まった無惨な姿で、養父が倒れていたではないか。

「おとうさん！　おとうさん！」彼は、その体に取りすがって号泣した。自分の気の緩みから、とんでもない悲劇を招き寄せてしまった。いくら悔やんでも悔み切れなかった。彼は恩人である人を、無惨な死に追いやってしまったのだ。そんな自分が何としても許せなかった。


こうして彼は、自分の運命に復讐するかのように、その後、本物の強盗になった。もういつ死んでもいい、という捨てばちな気持ちと、自分で自分をどん底に落とし入れたいという自虐的な思いからであった。そして、これが自分に一番似合った仕事だと思った。彼は、宝であるたった一本の短剣を腰に差してこの町を出た。

彼はエルサレムという大きな都市の中に紛れ込んだ。ここには色々な民族が流れ込んできており、始終人ごみでごたごたしているので、人の行動が目につきにくく、強盗を働くには都合がいいからであった。彼はこの町で、流れ者の二人の男と知り合った。

彼らは、いずれも運に見放された不幸な境遇にある者たちだった。三人は意気投合して、すぐに新しい仕事を始めた。つまり、金持ちらしい男を見かけると後をつけ、路地に誘い込むや、襲いかかって金を奪う――というものであった。しばらくこの商売を続けるうちに、やめられなくなった。スリルと金の両方が手に入ることはたまらなく刺激的だったからである。

そんなある日。一人が血相を変えて帰ってきた。そして「ちょっとばかり、まずいことになったぜ」と彼は言った。巡回のローマ軍兵士が、勤務の最中居眠りをしているのを見て、その懐から金を奪ったところ、もみ合いになり、はずみで彼を殺してしまったのだという。

そうしている間に、屈強な体つきのローマ兵が四、五人彼らの隠れ家にやって来た。そして、下手人《げしゅにん》であるその仲間を切り殺すと、彼ともう一人の強盗を縛り上げて兵舎の中に連行した。（何て不運なこった。自分は何もしていないのに、なぜこんな目に遭うのだろう）彼はつぶやいた。またしても、自分は不運な人生の裂け目に落ち込んでしまった。しかし、これが自分に残された人生なのだ。

二人の強盗は、兵営の中で裁判にかけられ、判決が言い渡された。それは、極刑である磔刑であった。その翌日、二人は引き出されると「懲らしめのムチ」と呼ばれる笞刑《ちけい》を受けた。これは、ユダヤ人の刑法の中にある「四十に一つ足りないムチ」（四十回打つと多くの場合囚人が死んでしまうので三十九回にとどめることが法で定められていた）とは、比べものにならないほど残酷なものだった。

まず、身動きできないように柱にくくられると、皮紐を何本もより合わせたムチで打たれるのだが、その皮紐にはガラスの破片や鉄の玉などが結びつけられており、一打ちごとに哀れな囚人の皮膚は破れ、血と肉片があたりに飛び散った。囚人は最初は大声で喚き、次に泣き叫び、やがて息も絶えだえの呻き声を上げて、すっかり終わった時には血溜まりの中にボロくずのようにくずおれるのだった。

彼らはその後、自分が磔《はりつけ》になる重い十字をした木材を担いで刑場まで歩かねばならなかった。目もくらむような苦痛の中で、男は自分の命もあとわずかであることを思い、早くその時が来ることを願った。しかし、その前にどんな恐ろしい十字架の苦しみを忍ばねばならないことだろう。

ついに恐ろしい時が到来した。丘の上に着くと、二人の強盗は衣類をはぎ取られ、十字の形に組んだ木の上に横たえられた。そして、死刑執行役のローマ兵たちが上からのしかかり、身動きできないように抑えつけ、広げた両手と重ねた足に太い釘を打ち込んだ。あまりの苦痛に、男は喚き続けるうちに失心してしまった。

しかし、別の苦しみが彼の意識をよみがえらせた。両手を釘づけにされ、木にぶらさげられていたが、苦しく息ができないのである。心臓を少しでも楽にするために、彼はありったけの力でせり上がった。すると、血まみれの両手の肉がその動きでわずかに裂けた。あまり痛いので、今度は両手をかばうために体重を下にかけた。こうしていると、また心臓が圧迫され、息が苦しくなった。――この繰り返しが永遠に続くように思われた。

そのうち、男はあることに気づいた。それは、自分と仲間である強盗との間に、一人の見知らぬ人が十字架にかけられて、同じように呻いていたのである。――と、突然その人の唇が動き、今まで聞いたことのないような穏やかな声が洩れた。

「父よ、彼らをお赦しください。彼らは、自分が何をしているのかが分かっていないのです」それは、自分たちと同じ暗く混沌とした地上に生きる者の言葉ではなかった。あたかも天が開け、そこから光が差したかのような一瞬であった。

(なぜだろう。この人は、なぜ自分をこんなにむごい目に遭わせた人々を恨まないのだろう。それどころか、彼らのために執り成しをしているではないか。あたかも自分の子どもをかばおうとする母親のように…)

その時、突然奇跡のように、彼がまだ幼い頃の死んだ、母親の最後の言葉が思い出された。（人の世はむごくて、わたしたちの人生には何の希望もないけど、今にこのユダヤの地に救世主がおいでになる。その方はね、罪びとであるわたしたちを自由にして、そうして最後には天国につれてってくださるんだよ）

そうだ。もしかしたら、真中で呻いているこの人が救世主かもしれない。それならば、人生の旅路の最後に出会ったこの罪深い強盗をも、天国につれてってくださるかもしれない。

その時、突然怒号が反対側の十字架から響いた。苦痛のあまり半ば発狂した仲間の強盗が、真中の人に向かって罵声をぶつけたのである。

「やい！　ペテン師！　おまえさんは救世主と呼ばれていたそうじゃないか。それなら、自分を救ってみるがいい。また、われわれも救ってみろよ」

その時、男の目から涙が溢れ出してきた。彼は激しい痛みの中にあって薄れていく意識に逆らい、もつれた舌を動かして、ありったけの声で仲間を叱責した。

「おまえは同じ刑を受けながら、神を恐れないのか、われわれは自分がやったことの報いを受けるのだから、こうなって当然だ。だがな、この方は何も悪いことをしたわけではないぞ！」彼は今まで一度も人を愛したことがなかった。誰かを信頼したこともなかった。それなのに、今この瞬間、隣にいる未知の人に対して激しい愛慕の思いが湧き出してきたのである。

そして、彼は、自分の運命に突然関りをもってきたこの人に向かってこう言った。「あなたが天国に行った時、どうぞ私のことを覚えていてください」

すると、穏やかな声が真中の十字架から響いてきて、不幸に押し潰された男の魂に届いた。

「よく言っておきます。あなたは今日、わたしと共にパラダイス（天国）にいるでしょう」

その時、目もくらむような恩寵《おんちょう》（神の恵み）がこの哀れな男の上にもたらされた。あまりの喜びに彼の胸は膨らみ、恐ろしい十字架の苦しみをしのぐかと思われた。

「今日だって？」本当に「今日なのか」やはりこの方は救世主だった。何の意味もないと思われた自分の人生の最終の場において、今までの罪を赦し、一緒に天国につれていってくれるのだ。母が言っていたように、天国に！

（ありがとうございます）彼はそう言おうとしたが、もはや舌がもつれて声にならなかった。やがて死にゆく男の目に最後に映ったのは、どこまでも広がる青い空。そして輝く雲の後ろにある天国の門――神の住居《すまい》であった。

（こんな幸せ、もらっていいのかな。自分は強盗だったのに）彼は心の中でつぶやいた。そしてその時、初めて悟ったのだった。自分の無意味な一生にも、意味があったことを。そして、最後の最後になって、自分ほど大きな幸せと祝福をもらった人間はいないのだということを。

その時、彼の前に大きな手が差し出された。救世主の手だった。その手にすがりつつ、彼は今一度幸せそうな吐息を残して、青い空の彼方――神の御国めざして軽々と飛び去って行った。

20話　まっ白な新しい人生――アリマタヤのヨセフ

ここにヨセフという人がいたが、議員の一人で、善良で正しい人であった。……この人がピラトのところに行って、イエスのからだの下げ渡しを願い出た。彼は（イエスの）からだを降ろして亜麻布で包み、まだだれも葬られていない、岩に掘った墓に納めた。（ルカ23・50〜53）

アリマタヤのヨセフはサンヘドリン（祭司長、長老、律法学者などで構成されているユダヤで最高の権威をもつ議会）に所属している優秀な議員だった。学問があり、何よりも律法に詳しく、それを忠実に守っていることも人々の尊敬を集めるのに十分な理由であった。しかし、それだけではなく、彼がユダヤ人から一目置かれていたのは、その人柄が公平で、すべての人を偏り見ることをせず、しかも穏やかで誰にも親切なことであった。

しかし、こんな特権階級にありながら、彼には人に言えない悩みがあった。それは、ある病気を抱えていたことであった。十四、五歳の頃から始まり、成人した今も彼につきまとって苦しめていた。どんな病気かと言うと、何かの理由でひどく緊張すると、両手が震えてけいれんし、舌が引きつって何ひとつしゃべれなくなるのである(現代の医学では、不安神経症の一種とみなされるであろうか)。

このような症状は、決して人前で見せてはならないものであるから、ヨセフは会議では答弁しなくてはならない時には、必死になって気付かれないように隠していた。ヨセフは、親の七光《ななひか》りでサンヘドリンの議員となり、その公明正大な弁論によって人々の尊敬を集めていたのだから、失敗は許されなかったのだ。

そんなある時のこと。エルサレムの祭司長の屋敷で、ユダヤ最高会議が開かれることになり、彼も出席することになった。ヨセフは、自病が起きてもその症状が出ないように、はっかを擦り潰して作った鎮痛剤を大量に飲み、会議に臨んだ。そして心配していたような不祥事もなく、答弁を終えることができた。

会議が終了した時、会場の外でおびただしい人々がガヤガヤと騒ぐ声が聞こえた。何事だろうと思っていると、会場の雑役をしている男が報告にやって来た。

「ガリラヤから、イエスという名の教師が来たんですよ。あのバプテスマのヨハネよりも優れた力を持っており、イエス自ら、自分がこの世に来ることによってモーセの預言が初めて成就した——などと言っているそうです」

「とんでもないことを言う男だ！」アロンという祭司が怒号を発した。

「あの男は、神の名を汚す者だ。いつか宗教裁判にかけてやりましょう」詰めかけたパリサイ派の人たちや律法学者たちも、いきり立って口々に同調した。

そこへ、大勢の人たちに囲まれて一人のユダヤ人がやって来た。この人こそ、うわさのイエスという教師に違いなかった。一人の律法学者が、さっそくイエスに詰め寄って、議論を吹っかけた。

「あなたは自分がモーセの律法の完成者であり、われわれの先祖アブラハムより偉い者だと言ってるそうだが、一体何の権威によってそんなことを言うのですか」

すると、穏やかな言葉が返ってきた。「わたしは神から出た者、神からつかわされた者ですから、わたしの言葉に耳をかたむける者は自由を得、死を見ることがないでしょう」

すると、別の律法学者がくってかかった。「わたしたちの先祖アブラハムも、他の預言者たちももう死んでいる。それなのに、なぜあなたは自分が彼らよりも偉いなどと言えるのかね」

その時、イエスの口から驚くべき言葉が発せられた。

「わたしに栄光を与える方は、わたしの父であって、あなたがたが自分の神だと言っているのは、その方のことです。あなたがたはその神を知っていないが、わたしは知っている。あなたがたの父アブラハムは、わたしのこの日を見ようとして楽しんでいた。そしてそれを見て喜んだ」

すると、すべてのユダヤ人たちは一斉にそのもとに殺到して叫び立てた。

「でたらめ言うんじゃない！　あなたはまだ五十にもならないのに、アブラハムを見たのか」

すると、イエスは答えた。

「よくよくあなたがたに言っておきます。アブラハムの生まれる前からわたしはいるのです」

この言葉は、雷のような衝撃を一同に与えた。その後、イエスは弟子たちと共にこの場を去って行った。議員のヨセフは、まるで夢でも見ているようにぼんやりと立ちつくしていた。

「どうしても、あの偽預言者を宗教裁判にかけなくてはならない。なんとかしよう」と一人のパリサイ人が言った。律法学者も、祭司長もそれに同意した。

「ヨセフさん。あなた、どう思いますか。お考えを聞かせてください」と。彼の後立てをしてくれている祭司が言った。皆一斉に彼に注目した。

「わたしは、あの人は正しいと思う」と、はっきりとヨセフは言った。

「自分の直感ですが、あの人は普通の人ではない。あの人は――こういう言葉を使っていいかどうか分かりませんが、われわれの尺度では測ることのできない人です」

そして、彼は、自分でもなぜかわからないうちに、アブラハムやその他の預言者たちが語っていた預言――神が人となって人間の罪を負い、すべての人が義とされるために贖《あがな》いの供え者となられたという話を、とうとうと語り出した。一同は、雷に打たれたようにその場に立ちつくしていた。

「彼こそは受肉した神。あらかじめ預言されたように『言《ことば》が肉となった』という奇跡をわたしたちは見ているのです」そして、ヨセフは、話を終えた。

それから、その時初めてヨセフは気がついた。いつのまにか自分があれほど苦しんできた奇妙な病気――話をしている時、また緊張した時に出る筋肉の震えや舌のもつれが、治っていたのである。今ヨセフが語ったのは、どんな優れた演説家もまねのできないほど見事なメッセージであった。

その日以来、ヨセフは何とかしてもう一度あのイエスという預言者に会い、自分の厄介な病気を治してもらった礼を言いたかった。しかし、不思議なことに、それ以来二度とイエスの姿を目にすることがなかった。

そのうちに、「過越の祭り」（イスラエルが奴隷となっていたエジプトから、神が強い御手を伸べて救い出してくださった出来事を記念する祭り）がやってきた。この期間は、サンヘドリンもこれといった討議の課題もなく暇だったので、ヨセフは祭りを見物したり、自宅にこもって律法の勉強をしたりして過ごした。

そして、それは金曜日の午後三時頃のことだった。総督ピラトの官邸の用事があったので出向くと、ピラトは意気消沈し、打ちひしがれていた。ヨセフとピラトは以前から友人同士で、宗教問題で議論したり、官邸で夕食を共にしたりしながら旧交を温めていたのである。

「どうしたんです」と尋ねると、ピラトは憔悴しきったように両手で顔を覆って言った。

「わたしは、罪のない人に死刑を宣告してしまった。このために一生苦しむことになるだろう」

そして、「あのナザレのイエスという人物の裁判をしたが、ユダヤ人の権力者から詰め寄られ、彼を無罪にすることができなかった。さらに群衆に押し切られて、イエスを宗教罪ではなく、ローマ帝国に対する反逆罪として極刑を宣言せざるを得なくなった」と話したのだった。

「それで、あの人はどうなったのです」

「今朝の九時に、ゴルゴダの丘の刑場で死刑が執行されたところだ」

「何ということを……」ヨセフは深く心を刺されて、ピラトの官邸を出た。その瞬間、あたりは真っ暗になり、激しい雷鳴がとどろいた。それと共に、突然大地がグラグラと揺れ始めた。大きな地震が起きたのだ。ある予感を覚えた彼は、危険も顧みずに、暴風雨の中をゴルゴダの丘に向かって走った。

丘には三本の十字架が立っており、あのイエスは真ん中の十字架にかけられていた。すでにがっくりと首が垂れ、もう死んでいることが分かった。その時、すぐ近くにいた百人隊長が、胸を打ちながら言った。

「本当に、この人は神の子だった。それなのに、誰一人彼の命を助けることができなかった」そして、彼は深い敬意と謝罪をこめて、真ん中の十字架の前で跪《ひざまず》いて頭を垂れた。

ヨセフは丘を下り、遠くから様子を見守っている人々の所に行った。イエスの母マリヤの姿はすぐに分かった。彼女は泣いていなかった。何かを抱きしめようとするかのように両手を胸に当て、じっと十字架を見つめていた。その体を一人の若者が支えていた。多分、ヨハネと呼ばれる弟子だろう。その他、いつもイエスの周囲にいた者たちが、その傍らにいるのが見えた。

ヨセフはそのまま町の市場に行き、一軒の生地屋に入ると、雪のように真っ白で手ざわりの良い高価な亜麻布を買い求めた。このために、彼は持っている金のすべてを費したのであった。

それから、ピラトのもとに行って「イエスの遺体を引き取りたい」と申し出て許可をもらうと、再びゴルゴダの刑場へ取って返した。彼は、まだその周囲に立ちつくしている人々に呼びかけた。

「皆さん、わたしはイエス様に病気を治していただいた者です。それなのに、そのお命を救って差し上げられなかった。最後に、せめてものわたしの奉仕を受け入れてください」

そう言うと、彼らと一緒に丘を登り、十字架の傍らに行くと、その下に買ってきたばかりの純白の亜麻布を広げた。

あの百人隊長は、十字架から遺体を取り下ろすための応援部隊をよこしてくれたので、数人の兵士がはしごをかけて登り、両手、両足から釘を引き抜いてから注意深くそろそろと遺体を引き下ろして、下で待ち受けているイエスの弟子や近親者たちの手に委ねた。彼らは、遺体を亜麻布の中に横たえた。

「イエス様、このくらいのご奉仕しかできない恩知らずの私を、お許しください」と、そう言った時、ヨセフの両眼から涙が溢れ出してきた。

そこへ、同じサンヘドリンの議員仲間のニコデモという律法学者が高価なナルドの香油を携《たずさ》えてきたので、一緒に遺体の全身に塗ってきよめると、亜麻布にていねいにくるみ、用意した新しい墓に納めた。その入口に大きな石が転がされた時、ヨセフは一同に言った。

「ご遺体が盗み出されることがないよう、自分が管理いたしましょう。時々見回りに来ますので、皆さんご安心ください」

さて、それから三日ほどが過ぎた早朝のことだった。ヨセフは皆と約束したとおり、遺体が墓から盗まれずにあるかどうか確認するために墓に出向いた。すると、夜明けの光が徐々にあたりを染めていく中で、向こうからやって来る一人の女性の姿が目に映った。早春の風が吹き抜け、かぐわしい草木の香りを運んできた。

あたりの木々からは、鳥のさえずりが聞こえる。近づいてきた女性は——と見ると、イエスの一行に見え隠れしながら、付き従っていた女たちの一人で、マグダラのマリヤと呼ばれていた女性だった。しかし、彼女は今、以前とは全く違った様子をしていた。粗末な麻の衣服をまとっていたが、その姿は墓の入口に咲き始めた白ゆりのように清らかで、まるで天使のようであった。

「主は、よみがえられました。わたしは今、お目にかかったのです」彼女は、厳かにそう告げた。

ヨセフは仰天し、つまずきながら墓まで走った。すると目に入ったのは、入口の大石が脇に転がされ、中が空っぽになった墓だった。その時、ふと背後に人の気配がしたように思って振り向くと、そこに園の管理人らしい人が立っていた。

だが、徐々に彼の目が開けて、それがイエスであることが分かった。イエスは、あのなつかしい微笑を彼に向けた。それから、彼が全財産をはたいて買い求めた雪のように白い亜麻布を彼の手に戻して言った。

「あなたはこれから、わたしの証人となるのです。この布のように純白な新しい人生、それが今後のあなたの人生です」

ヨセフは、亜麻布を胸に抱きしめ、地面に平伏して言った。

「イエス様、承知しました。わたしはいただいた残りの人生を、あなたさまの証しのために使わせていただきます」そして、その肩に温かな手が置かれた。ヨセフは、はっとして顔を上げると、もうイエスの姿は見えなかった。

＊　＊　＊　＊　＊　＊

その後、イエスの弟子たちが山の上で、昇天するイエスから権威を援かり、エルサレムに教会を建てると、アリマタヤのヨセフは、長年勤めた議員職を退き、この教会の一員となった。そして、イエス・キリストの福音を世界に伝えるために大いに働いたのである。

ヨセフは、生涯あの記念の亜麻布を手放すことがなかった。やがて、彼が地上での働きを終えて天国に召された時、教会員たちは彼の遺体をこの雪よりもなお白い亜麻布に包んで葬ったであろうことは、十分に想像される。

参考文献

『夜と霧』ヴィクトール・E・フランクル著　霧山徳爾訳（みすず書房）
『神経症』ヴィクトールE・フランクル著　霧山徳爾訳（みすず書房）
『イエスとロゴセラピー』ロバート・C・レスリー著　萬代慎逸訳（ルガール社）
『キリストの大地』アンドレ・パロ著　波木居純一訳（みすず書房）
『イエス時代の日常生活Ⅰ～Ⅲ』ダニエル・ロプス著　波木居斎二・純一訳（山本書店）
『イエスの生涯』フランソワ・モーリャック著　杉捷夫訳（新潮文庫）

栗栖ひろみ（くりす　ひろみ）

1942年　東京に生まれる
1957年　クリスマスに阿佐ヶ谷東教会にて、洗礼を受ける。
早稲田大学卒業。
1980年　この頃より、主に伝記や評伝の執筆を続ける。
1982年　『少年少女信仰偉人伝・全８巻』（日本教会新報社）
1983年　『信仰に生きた人たち•全８巻』（ニューライフ出版社）
1990年　『医者ルカの物語』（ロバ通信社）『愛の看護人』（サンパウロ）
2012年　『猫おばさんのコーヒーショップ』で日本動物児童文学奨励賞を受賞。
2015年　「クリスチャントゥデイ」にＷＥＢで中・高生向けの信仰偉人伝の連載を始める。
ＩＣＵ（国際基督教大学）教会会員。
2020年　『ジーザス　ラブス　ミイ』日本を愛したＪ・ヘボンの生涯、『地の塩・世の光として』贖いの愛に生きた賀川豊彦の生涯（一粒社）

ベテスダの光　　定価（本体 1400 円＋税）

2022年10月10日　初版発行

著　者　栗栖　ひろみ
発行所　一　粒　社
〒351-0101 埼玉県和光市白子 2-15-1-717
TEL (048)465-7496　FAX (048)465-7498
振替 00140-6-35458

乱丁・落丁はお取り替えいたします.　印刷・（社福法人）埼玉福祉会
ISBN 978-4-87277-164-0